중학 필수 영단어 plus

중학 필수 영단어 plus

저 자 이수용
발행인 고본화
발 행 탑메이드북
교재공급처 반석출판사
2021년 7월 20일 초판 1쇄 인쇄
2021년 7월 25일 초판 1쇄 발행
반석출판사 | www.bansok.co.kr
이메일 | bansok@bansok.co.kr
블로그 | blog.naver.com/bansokbooks

07547 서울시 강서구 양천로 583, B동 1007호
(서울시 강서구 염창동 240-21번지 우림블루나인 비즈니스센터 B동 1007호)
대표전화 02) 2093-3399   팩 스 02) 2093-3393
출 판 부 02) 2093-3395   영업부 02) 2093-3396
등록번호 제315-2008-000033호

Copyright ⓒ 이수용

ISBN 978-89-7172-940-3 (53740)

탑메이드북

본 교재는 중학생을 위한 필수 영어 단어장입니다. 대상 독자는 중학 1학년, 또는 기초 확립이 필요한 2학년을 대상으로 합니다. 하지만 중등과정을 시작하기 전에 어휘력 확장을 원하는 상급 수준의 예비 중학생도 포함됩니다.

어휘력은 영어 학습의 가장 기본이 되는 핵심 요소입니다. 영어 학습을 요리와 비교한다면 단어는 음식을 만드는데 필요한 각종 재료와 같습니다. 아무리 머릿속에서 훌륭한 요리를 만들 계획을 가지고 있다고 하더라도, 실제 그 음식을 만들기 위한 재료가 없다면 아무런 소용이 없는 것과 마찬가지로, 영어 실력을 쌓기 위한 어떤 장대한 계획도 어휘력이 없으면 한낱 공상에 불과하게 됩니다.

교재의 학습 분량은 중학과정에서 반드시 익혀야 하는 필수 단어 800개를 기본으로 구성됩니다. 그리고 이와 함께 제시되는 관련 어휘 및 예문을 포함한다면, **도합 대략 1500개 이상의** 단어를 학습하는 확장 효과를 가집니다. 어휘는 주제별로 분류되어, 먼저 10개의 큰 주제로 나누어지고 (Part 10), 이는 다시 31개의 소주제로 세분화됩니다 (Day 31).

교재의 구성 및 특징은 다음과 같습니다.

1 1개월 완성 분량

교재의 분량은 전체 31개 chapter로 Day 1에서 Day 31까지, 하루 25개 단어를 1개월만에 완성시킬 수 있는 분량으로 구성됩니다.

2 주제별 어휘 학습

중학 영어 기초 과정에 필수적인 어휘를 선정하여 이를 주제별로 분류했습니다. 서로 관련된 단어들을 함께 다루므로, 상호 연관성으로 인해 효율적인 학습을 할 수 있습니다.

3 예문을 통한 문맥 의미 파악

교재의 기본 구성인 단어에 대한 설명과 함께 관련 숙어와 예문이 제공됩니다. 이를 통해 해당 단어가 문장 또는 문맥 속에서 어떻게 사용되고 또 활용되는지를 체험할 수 있어 단어에 대한 이해의 폭이 넓어질 것입니다.

4 시각적 입체적 학습 효과

주요 단어와 함께 제공되는 이미지는 연상 작용을 통해 의미를 보다 더 쉽게 이해할 수 있게 하며, 기억에 더 오래 더 생생하게 남게 하는 효과가 있습니다. 또한 원어민의 음성 녹음은 학습자들로 하여금 정확한 발음을 익힐 수 있게 할 뿐 아니라, 청취력과 독해력을 동시에 향상시켜 줄 것입니다.

5 지속적 반복 학습을 통한 기억력 강화

영어를 잘 할 수 있는 유일한 방법은 꾸준한 반복 연습입니다. 본 교재는 학습 효과를 극대화하기 위해 Pre-test, 단어 및 연관 숙어, 예문, 그리고 Check-up Test 등을 통해 체계적이고 지속적으로 반복 학습을 할 수 있게 꾸몄습니다. 또한 앞 장에서 학습했던 주요 어휘들은 종종 다음 장의 예문에서 다시 등장합니다. 이러한 방법을 통해 기억을 재확인시켜 학습한 단어가 완전히 학습자 본인의 것이 되게 할 것입니다.

6 QR코드를 활용한 편리한 음원 듣기

파일과 함께 교재 내에 QR코드로 제공되는 음원 듣기 기능으로 편리하게 원어민의 음성 녹음을 들으며 학습할 수 있습니다.

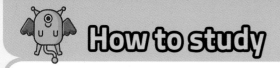

각 Chapter는 Pre-test, Today's Task, Main Chapter (Day), Check-up Test와 같은 순서로 진행됩니다.

중요 어휘 Pre-test

Main chapter에서 다룰 어휘 중에서 5개를 선택하여 본인의 어휘력을 미리 test해 보는 난입니다. 왼쪽 칼럼의 단어와 일치하는 의미를 오른쪽 칼럼에서 찾아 서로 연결시키는 문제입니다. 정답은 페이지 하단에 제공됩니다.

Day 2

Friends & Neighbor
친구와 이웃

중요 어휘 Pre-test

Connect words and meanings.
영어 단어와 우리 뜻을 바르게 연결하시오.

1. mutual   a) 주민
2. confide   b) 친지, 지인
3. inhabitant   c) 동반자, 동료
4. companion   d) 상호의
5. acquaintance   e) 믿다, 신뢰하다

Today's Task

Main chapter에서 다룰 단어의 목록입니다. 어휘 학습을 시작하기 전, 본인이 알고 있는 단어가 얼마나 되는지 확인하여 본인 어휘력의 현상태를 확인할 수 있습니다.

Today's Task How many words do you know?
오늘 학습할 단어입니다. 알고 있는 단어에 √로 표시하시오.

☐ friend   ☐ affection   ☐ intimate
☐ befriend   ☐ neighbor   ☐ confide
☐ acquaintance   ☐ neighborhood   ☐ hang out
☐ company   ☐ inhabitant   ☐ get on with
☐ companion   ☐ relationship   ☐ keep in touch

Day 0: Today's vocabulary

교재의 main chapter로서 하루 25개 단어를 학습하는 구성입니다. 발음 기호와 함께 단어의 뜻을 설명하고, 관련된 관용 표현이나 숙어를 다룹니다. 단어와 함께 제공되는 다양한 예문은 해당 단어가 실제 문장 내에서 어떻게 활용되는지 확인할 수 있게 함과 동시에 학습자의 독해력을 향상시켜 줄 것입니다.

* 약어: n. 명사 v. 동사 adj. 형용사 adv. 부사 prep. 전치사 conj. 접속사

friend [frend]	n. 친구, 벗 make friends with … 와 친구가 되다, 친해지다 I made friends with John. 나는 존과 친구가 되었다.
befriend [bɪˈfrend]	v. 친구가 되어주다, 돕다, 돌보다 You have to befriend those who disagree with you. 당신과 생각이 다른 사람들과 친해져야 한다.
acquaintance [əˈkweɪn.təns]	n. 아는 사람, 지인, 친지 An acquaintance is a person whom you know but not very well. 지인이란 당신이 알고는 있지만 아주 잘 알지는 못하는 사람이다.
company	n. 사귐, 교제, 동행, 회사

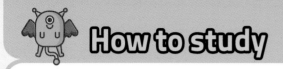

How to study

Check-up Test

Main chapter에서 학습한 단어에 대한 어휘력을 테스트하는 난입니다. Chapter 당 25 개 문항으로, 본인의 성취도를 확인함과 동시에, 반복 학습에 의한 복습 효과도 가집니다.

Check-up Test의 구성

i) 1 번에서 10 번 문항까지는 영단어의 뜻 쓰기와 우리말 뜻에 맞는 영어 단어 쓰기 문제입니다.

Check-up Test

1 – 10. 우리말은 영어로 영어는 우리말로 쓰시오.

1. fellow	_____	6. 신뢰, 믿음	_____
2. friend	_____	7. 충실한	_____
3. affection	_____	8. 후원자, 단골	_____
4. relationship	_____	9. 친밀한	_____
5. neighborhood	_____	10. 동반자	_____

---

ii) 11 번에서 20번 문항까지는 객관식 문장 완성 문제로 보기에서 주어진 단어를 사용하여 문맥에 맞는 단어를 찾아 문장을 완성시키는 문제입니다.

---

11 – 15. 빈칸에 알맞은 단어를 보기에서 찾아 쓰시오.

a) fall for   b) get on   c) hang out   d) break up   e) keep in touch

11. Children _____ well with each other.

12. You must be careful not to _____ his trick.

13. Abigail made up her mind to _____ with George.

---

14. He still _____ with his primary school friends.

15. David likes to _____ with his close friends after school.

16 – 20. 빈칸에 알맞은 단어를 보기에서 찾아 쓰시오.

a) neighbor b) pal c) inhabitant d) acquaintance e) roommate

16. I have no personal _____ with him.

17. A good _____ is better than a brother far away.

18. He is looking for a _____ to share his apartment.

19. Anna has been corresponding with a pen _____ in Canada.

20. The city hosts a music festival for _____s every year.

iii) 21 번에서 25 번 까지의 마지막 5 문항은 주관식 문제로 우리말 해석
과 일치하도록 문장의 빈 칸을 채워 완성하는 문장 완성 문제입니다.

21 – 25. 빈칸에 알맞은 단어를 사용하여 문장을 완성하시오 (주관식).

21. It is hard to find someone you _____ in.
믿을 수 있는 사람을 찾기는 어렵다.

22. Please let me know if you need _____.
함께 갈 사람이 필요하면 나에게 알려주세요.

23. Friendship consists of _____ understanding.
우정은 상호간의 이해를 필요로 한다.

24. He has no _____ for other people's feelings.
그는 다른 사람들의 감정에 대한 배려는 전혀 하지 않는다.

25. He tried to _____ her because she looked lonely.
그는 그녀가 외로워 보였기 때문에 친구가 되려 했다.

My Study Planner

학습 진도를 매일 기록하는 학습 진도표입니다. 교재의 분량은 꾸준히 학습했을 때 31일 만에 완성할 수 있도록 구성되었습니다. 그러나 개인의 상황에 따라 시간 분배의 차이가 있을 수 있으므로 자신의 상황에 맞게 계획을 정할 것을 권합니다.

Day 1	Day 2	Day 3	Day 4	Day 5
시작: 끝:	시작: 끝:	시작: 끝:	시작: 끝:	시작: 끝:
Day 6	**Day 7**	**Day 8**	**Day 9**	**Day 10**
시작: 끝:	시작: 끝:	시작: 끝:	시작: 끝:	시작: 끝:
Day 11	**Day 12**	**Day 13**	**Day 14**	**Day 15**
시작: 끝:	시작: 끝:	시작: 끝:	시작: 끝:	시작: 끝:
Day 16	**Day 17**	**Day 18**	**Day 19**	**Day 20**
시작: 끝:	시작: 끝:	시작: 끝:	시작: 끝:	시작: 끝:
Day 21	**Day 22**	**Day 23**	**Day 24**	**Day 25**
시작: 끝:	시작: 끝:	시작: 끝:	시작: 끝:	시작: 끝:
Day 26	**Day 27**	**Day 28**	**Day 29**	**Day 30**
시작: 끝:	시작: 끝:	시작: 끝:	시작: 끝:	시작: 끝:
Day 31				
시작: 끝:				

Contents 목차

Part 1

People

Family & Relatives
가족

 중요 어휘 Pre-test

Connect words and meanings.
영어 단어와 우리말 뜻을 바르게 연결하시오.

1. sibling   a) 결혼
2. spouse   b) 양부모
3. engage   c) 배우자
4. marriage   d) 약혼하다
5. stepparent   e) 형제자매, 동기

Today's Task

How many words do you know?
오늘 학습할 단어입니다. 알고 있는 단어에 √로 표시하시오.

- ☐ parent
- ☐ sibling
- ☐ spouse
- ☐ husband
- ☐ wife
- ☐ grandparent
- ☐ grandfather
- ☐ grandmother
- ☐ grandson

- ☐ granddaughter
- ☐ grandchild
- ☐ nephew
- ☐ niece
- ☐ cousin
- ☐ uncle
- ☐ aunt
- ☐ father-in-law
- ☐ mother-in-law

- ☐ son-in-law
- ☐ daughter-in-law
- ☐ stepparent
- ☐ stepchild
- ☐ fiancé
- ☐ engage
- ☐ marriage

Pre-test Answer   1. e 2. c 3. d 4. a 5. b

14

parent
['per.ənt]

n. 부모, 어버이

single parent 한부모 (편부 / 편모)

My parents sent me a birthday gift.

부모님께서 나에게 생일 선물을 보냈다.

sibling
['sɪb.lɪŋ]

n. 형제자매, 동기

My sister is the only sibling I've got.

나의 여동생은 내가 가진 유일한 동기이다.

spouse
[spaʊs]

n. 배우자

All of you can bring your spouses or partners to the party.

여러분들은 모두 파티에 배우자나 파트너를 데려올 수 있습니다.

husband
['hʌzbənd]

n. 남편

Tom will be a good husband.

톰은 좋은 남편이 될 것이다.

husband

wife
[waɪf]

n. 아내, 부인, 처

He moved into the city with his wife last year.

그는 지난 해 부인과 함께 이 도시로 이사했다.

grandparent
['græn.per.ənt]

n. 조부모, 할아버지 또는 할머니

great grandparent 증조부, 증조모

I visited my grandparents in Los Angeles last month.

나는 지난 달 LA에 계시는 조부모님을 방문했다.

grandfather
['græn.fɑː.ðə]

n. 할아버지

Jake's grandfather worked as a miner in Germany.

제이크의 할아버지는 독일에서 광부로 일하셨다.

grandmother
[ˈɡræn.mʌð.ɚ]

n. 조모, 할머니
I will visit my grandmother this summer.
나는 이번 여름에 할머니를 방문할 것이다.

grandson
[ˈɡræn.sʌn]

n. 손자
The old man wants to talk to his grandson.
그 노인은 자신의 손자와 이야기하기를 원한다.

granddaughter
[ˈɡræn.dɑː.t̬ɚ]

n. 손녀
Jessica is his only granddaughter.
제시카는 그의 하나 밖에 없는 손녀이다.

granddaughter

grandchild
[ˈɡræn.tʃaɪld]

n. 손자, 손녀
The couple have 12 children and 35 grandchildren.
그 부부는 12 명의 자녀와 35 명의 손자 손녀들이 있다.

nephew
[ˈnef.juː]

n. 남자 조카
My sister's son is my nephew.
나의 누나 (또는 언니)의 아들은 나의 조카이다.

nephew

niece
[niːs]

n. 여자 조카, 질녀
The girl who has a doll in her hands is my niece.
손에 인형을 들고 있는 저 소녀는 나의 조카이다.

cousin
[ˈkʌz(ə)n]

n. 사촌, 친척
Mathew is not my brother but my cousin.
매튜는 나와 형제가 아니라 사촌간이다.

uncle [ˈʌŋk(ə)l]	n. 삼촌, 아저씨 My uncle lives in London. 나의 삼촌은 런던에 살고 있다. uncle
aunt [ɑːnt]	n. 고모, 이모, 숙모, 아주머니 My aunt speaks French as well as English. 나의 고모는 영어와 불어를 할 수 있다.
father-in-law [ˈfɑː.ðɚ.ɪn.lɑː]	n. 장인, 시아버지 His father-in-law owns a farm in the country. 그의 장인은 시골에 농장을 갖고 있다.
mother-in-law [ˈmʌð.ɚ.ɪn.lɑː]	n. 장모, 시어머니 Her mother-in-law has been sick for three years now. 그녀의 시어머니는 3 년째 병을 앓고 있다.
son-in-law [ˈsʌn.ɪn.lɔː]	n. 사위 His son-in-law is a wealthy businessman. 그의 사위는 부유한 사업가이다.
daughter-in-law [ˈdɔː.tər.ɪn.lɔː]	n. 며느리 The wife of your son is called your daughter-in-law. 아들의 처는 며느리라고 부른다.
stepparent [ˈstepˌper.ənt]	n. 양부모 stepfather 양아버지 stepmother 양어머니 The boy was raised by stepparents. 그 소년은 양부모에 의해 양육되었다.

stepchild [ˈstep.tʃaɪld]	**n.** 양자, 의붓자식 Luke has three children, and two stepchildren. 루크에게는 세 명의 자녀와 두 명의 양자녀가 있다.
fiancé [ˌfiː.ɑːnˈseɪ]	**n.** 약혼자 fiancée 약혼녀 Jane and her fiancé came to the party. 제인과 그녀의 약혼자는 파티에 참석했다.
engage [ɪnˈgeɪdʒ]	**v.** 약혼하다, 관여하다, 종사하다 I heard that Monica was engaged. 나는 모니카가 약혼했다고 들었다. My uncle is engaged in overseas trade. 나의 삼촌은 해외 무역업에 종사한다.
marriage [ˈmer.ɪdʒ]	**n.** 결혼, 결혼 생활, 결혼식 Their marriage will take place in a small chapel next week. 그들의 결혼식은 다음 주 한 작은 교회에서 행해질 것이다.

engage

Check-up Test

1 – 10. 우리말은 영어로 영어는 우리말로 쓰시오.

1. spouse	_____	6. 약혼자	_____
2. husband	_____	7. 약혼하다	_____
3. grandchild	_____	8. 결혼	_____
4. son-in-law	_____	9. 양자, 의붓자식	_____
5. daughter-in-law	_____	10. 양부모	_____

11 – 15. 빈칸에 알맞은 단어를 보기에서 찾아 쓰시오.

a) aunt b) uncle c) parents   d) cousin e) grandmother

11. My uncle's son is my _____.

12. My mother's sister is my _____.

13. My father's brother is my _____.

14. My father and mother are my _____.

15. My father's mother is my _____.

16 – 20. 빈칸에 알맞은 단어를 보기에서 찾아 쓰시오.

a) niece b) wife   c) nephew d) siblings e) grandfather

16. My aunt is my uncle's _____.

17. My brother's son is my _____.

18. My brother's daughter is my _____.

19. My father's father is my _____.

20. My brother and sister are my _____.

21 – 25. 빈칸에 알맞은 단어를 사용하여 문장을 완성하시오 (주관식).

21. My nephew is my father's _____.
    나의 조카는 나의 아버지의 손자이다.

22. My niece is my father's _____.
    나의 질녀는 나의 아버지의 손녀이다.

23. My mother's father is my father's _____.
    나의 어머니의 아버지는 나의 아버지의 장인이다.

24. My father's mother is my mother's _____.
    나의 아버지의 어머니는 나의 어머니의 시어머니이다.

25. My mother's mother and father are my _____.
    나의 어머니의 아버지와 어머니는 나의 조부모이다.

Friends & Neighbor
친구와 이웃

중요 어휘 Pre-test

Connect words and meanings.
영어 단어와 우리말 뜻을 바르게 연결하시오.

1. **mutual**　　　　　　a) 주민
2. **confide**　　　　　　b) 친지, 지인
3. **inhabitant**　　　　c) 동반자, 동료
4. **companion**　　　　d) 상호의
5. **acquaintance**　　e) 믿다, 신뢰하다

Today's Task

How many words do you know?
오늘 학습할 단어입니다. 알고 있는 단어에 √로 표시하시오.

☐ friend	☐ affection	☐ intimate
☐ befriend	☐ neighbor	☐ confide
☐ acquaintance	☐ neighborhood	☐ hang out
☐ company	☐ inhabitant	☐ get on with
☐ companion	☐ relationship	☐ keep in touch
☐ pal	☐ respect	☐ fall for
☐ mate	☐ faithful	☐ break up
☐ patron	☐ mutual	
☐ fellow	☐ trust	

Pre-test Answer　1. d　2. e　3. a　4. c　5. b

friend [frend]	**n.** 친구, 벗 make friends with ··· 와 친구가 되다, 친해지다 I made friends with John. 나는 존과 친구가 되었다.
befriend [bɪˈfrend]	**v.** 친구가 되어주다, 돕다, 돌보다 You have to befriend those who disagree with you. 당신과 생각이 다른 사람들과 친해져야 한다.
acquaintance [əˈkweɪn.təns]	**n.** 아는 사람, 지인, 친지 An acquaintance is a person whom you know but not very well. 지인이란 당신이 알고는 있지만 아주 잘 알지는 못하는 사람이다.
company [ˈkʌm.pə.ni]	**n.** 사귐, 교제, 동행, 회사 I will keep you company. 내가 당신과 동행하겠습니다.
companion [kəmˈpæn.jən]	**n.** 동반자, 친구, 동료 She will be a good companion for you. 그녀는 당신의 좋은 동료가 될 것입니다. companion
pal [pæl]	**n.** 친구, (남자)동료 **v.** 친구가 되다 We have been pals for many years. 우리는 여러 해 동안 친구로 지내왔다.
mate [meɪt]	**n.** 친구, 동료, 짝 **v.** 부부가 되다, 동료가 되다; (동물) 짝을 짓다 classmate 급우 roommate 룸메이트, (기숙사 등에서) 같은 방을 쓰는 사람 Joe was my roommate in college. 조는 대학시절 나의 룸메이트였다.

patron
[ˈpeɪ.trən]

n. 후원자, 단골, 고객
He is the patron of many important charities.
그는 여러 주요 자선단체의 후원자이다.

fellow
[ˈfel.oʊ]

n. 동료, 회원, 연구원, (친근하게 부르는 호칭) 녀석, 사람
Tommy came to a café with his fellow workers after work.
토미는 일과 후 직장 동료들과 함께 한 카페에 갔다.
A young fellow came to see you this morning.
오늘 아침 한 청년이 당신을 만나러 왔었다.

affection
[əˈfek.ʃən]

n. 애정, 보살핌, 사랑
The child needs affection.
그 아이는 보살핌이 필요하다.
He has great affection for his hometown.
그는 고향에 큰 애착을 가지고 있다.

neighbor
[ˈneɪ·bər]

n. 이웃 사람, 옆자리 사람, 이웃 나라
neighbor countries 이웃 나라들
Mr. Tomson is one of my neighbors.
톰슨씨는 나의 이웃 중의 한 사람이다.

neighborhood
[ˈneɪ·bərˌhʊd]

n. 근처, 인근, 주변, 이웃 사람들
He moved to the neighborhood last month.
그는 지난 달 인근으로 이사를 왔다.

inhabitant
[ɪnˈhæb.ɪ.tənt]

n. 주민, 서식 동물
The village has about 200 inhabitants.
그 마을에는 약 200 명의 주민이 살고 있다.

relationship
[rɪˈleɪ.ʃən.ʃɪp]

n. 관계, 관련, 연관성
I want to build a friendly relationship with him.
나는 그와 우호적인 관계를 맺기를 원한다.

respect
[rɪˈspekt]

n. 존경, 존중, 배려, 경의
v. 존경하다
I respect your opinion.
나는 당신의 의견을 존중합니다.
He is a widely respected author.
그는 널리 존경받은 작가이다.

faithful
[ˈfeɪθ.fəl]

adj. 충실한, 신의 있는
Carmelo has always been faithful to his duties.
카멜로는 항상 자신의 의무를 충실히 이행했다.

mutual
[ˈmjuː.tʃu.əl]

adj. 상호의, 공동의
They have a mutual interest.
그들은 공동의 관심사가 있다.

trust
[trʌst]

n. 믿음, 신뢰, 신임
v. 믿다, 신뢰하다
mutual trust 상호 신뢰
He is the only person I can trust.
그는 내가 믿을 수 있는 유일한 사람이다.

intimate
[ˈɪn.t̬ə.mət]
[ˈɪn.t̬ə.meɪt]

adj. 친밀한, 친숙한, 사적인
v. 암시하다, 넌지시 알리다
John is very intimate with Mary.
존은 메리와 매우 친하다.

confide
[kənˈfaɪd]

v. 신뢰하다, 신용하다, 비밀을 털어놓다
I am not sure if I can confide in him.
나는 그를 신뢰할 수 있을지 모르겠다.

hang out

v. 어울리다, 놀다
I often hang out with my friends after school.
나는 종종 방과 후 친구들과 놀러 다닌다.

hang out

get on with	V. … 와 잘 지내다 (someone), … 을 해나가다 (something)
	Jacob is easy to get on with.
	제이콥은 어울리기 쉬운 사람이다.
keep in touch	V. 연락하다, 연락하고 지내다
	He keeps in touch with his friends after graduation.
	그는 졸업 후에도 친구들과 연락하며 지낸다.
fall for	V. (fell, fallen) … 에 반하다, 홀리다, 속다
	They fell for each other instantly.
	그들은 첫눈에 서로 반했다.
	He won't fall for such a simple trick.
	그는 그런 간단한 속임수에 속지 않을 것이다.
break up	V. 헤어지다, 관계를 끊다
	Monica broke up with her boyfriend last week.
	모니카는 지난 주 그녀의 남자친구와 헤어졌다.

break up

Check-up Test

1 – 10. 우리말은 영어로 영어는 우리말로 쓰시오.

1. fellow	_____	6. 신뢰, 믿음	_____
2. friend	_____	7. 충실한	_____
3. affection	_____	8. 후원자, 단골	_____
4. relationship	_____	9. 친밀한	_____
5. neighborhood	_____	10. 동반자	_____

11 – 15. 빈칸에 알맞은 단어를 보기에서 찾아 쓰시오.

a) fall for b) get on c) hang out d) break up e) keep in touch

11. Children _____ well with each other.

12. You must be careful not to _____ his trick.

13. Abigail made up her mind to _____ with George.

14. He still _____ with his primary school friends.

15. David likes to _____ with his close friends after school.

16 – 20. 빈칸에 알맞은 단어를 보기에서 찾아 쓰시오.

a) neighbor b) pal c) inhabitant d) acquaintance e) roommate

16. I have no personal _____ with him.

17. A good _____ is better than a brother far away.

18. He is looking for a _____ to share his apartment.

19. Anna has been corresponding with a pen _____ in Canada.

20. The city hosts a music festival for _____s every year.

21 – 25. 빈칸에 알맞은 단어를 사용하여 문장을 완성하시오 (주관식).

21. It is hard to find someone you _____ in.
    믿을 수 있는 사람을 찾기는 어렵다.

22. Please let me know if you need _____.
    함께 갈 사람이 필요하면 나에게 알려주세요.

23. Friendship consists of _____ understanding.
    우정은 상호간의 이해를 필요로 한다.

24. He has no _____ for other people's feelings.
    그는 다른 사람들의 감정에 대한 배려는 전혀 하지 않는다.

25. He tried to _____ her because she looked lonely.
    그는 그녀가 외로워 보였기 때문에 친구가 되려 했다.

Jobs
직업

 중요 어휘 Pre-test

Connect words and meanings.
영어 단어와 우리말 뜻을 바르게 연결하시오.

1. **butcher**
2. **carpenter**
3. **accountant**
4. **optician**
5. **dentist**

a) 목수
b) 안경 제작자
c) 치과의사
d) 정육점
e) 회계사

Today's Task

How many words do you know?
오늘 학습할 단어입니다. 알고 있는 단어에 √로 표시하시오.

☐ chef
☐ baker
☐ butcher
☐ fishmonger
☐ cleaner
☐ barber
☐ hairdresser
☐ flight attendant
☐ fireman

☐ policeman
☐ dentist
☐ doctor
☐ surgeon
☐ nurse
☐ optician
☐ electrician
☐ engineer
☐ builder

☐ carpenter
☐ plumber
☐ cashier
☐ accountant
☐ lawyer
☐ secretary
☐ vet

Pre-test Answer 1. d   2. a   3. e   4. b   5. c

chef
[ʃef]

n. 요리사, 주방장

William is a famous chef in Chicago.

윌리엄은 시카고에서 유명한 요리 사이다.

chef

---

baker
[ˈbeɪ.kə]

n. 제빵사, 빵집 주인

bake 빵을 굽다   bakery 빵집, 제과점

The baker in this bakery bakes fresh bread every morning.

이 제과점의 제빵사는 매일 아침 신선한 빵을 굽는다.

---

butcher
[ˈbʊtʃ.ə]

n. 정육점, 정육점 주인

The butcher shop is located next to the post office.

정육점은 우체국 옆에 위치해 있다.

---

fishmonger
[ˈfɪʃˌmʌŋ.gə]

n. 생선 장수, 생선 가게

I bought fresh salmon from a local fishmonger.

나는 동네 생선 가게에서 신선한 연어를 구입했다.

---

cleaner
[ˈkliː.nə]

n. 청소부, 청소기, 세제, 세탁소

vacuum cleaner 진공 청소기

July worked as a cleaner for a while.

줄리는 한동안 청소부로 일했었다.

---

barber
[ˈbɑːr.bə]

n. 이발사, 이발소

I had my hair cut at the barber's this morning.

나는 오늘 아침 이발소에서 이발을 했다.

barber

---

hairdresser
[ˈherˌdres.ə]

n. 미용사, 헤어 디자이너, 미용실

Joe has worked as a hairdresser in a salon for many years.

조는 여러 해 동안 미용실에서 헤어 디자이너로 일하고 있다.

flight attendant
[ˈflaɪt əˌten.dənt]

n. 승무원

The flight attendant welcomed passengers aboard.
승무원은 탑승객들을 맞이했다.

fireman
[ˈfaɪr.mən]

n. 소방관 (firefighter)

The firemen ran into the burning building.
소방관들은 불타는 건물로 뛰어 들어 갔다.

fireman

policeman
[pəˈliːs.mən]

n. 남자 경찰관

The policeman arrested the robber.
경찰관은 강도를 체포했다.

dentist
[ˈden.t̬ɪst]

n. 치과의사, 치과

Jack has to see a dentist this afternoon.
잭은 오늘 오후 치과에 가야 한다.

doctor
[ˈdɑːk.tɚ]

n. 의사, 박사

The doctor asked him to stay in the hospital for another week.
의사는 그에게 일주일 더 입원해 있으라고 했다.

surgeon
[ˈsɜː.dʒən]

n. 외과의사, 외과 전문의

heart surgeon 심장외과 전문의   brain surgeon 뇌 전문 외과의
The surgeon removed the girl's brain tumor.
외과의사는 소녀의 뇌 종양을 제거했다.

nurse
[nɝːs]

n. 간호사

v. 간호하다, 치료하다

My sister is working at a hospital as a nurse.
나의 누나는 (언니는) 병원에서 간호사로 일한다.

optician
[ɑːpˈtɪʃ.ən]

n. 안경상, 안경 제작자, 안경점
I have to go to the optician to buy new glasses.
나는 새 안경을 사기 위해 안경점에 가야 한다.

electrician
[ˌɪl.ekˈtrɪʃ.ən]

n. 전기 기사, 전기 기술자
Paul is studying electrical engineering to become an electrician.
폴은 전기 기사가 되기 위해 전기 공학을 공부하고 있다.

engineer
[ˌen.dʒɪˈnɪr]

n. 기술자, 엔지니어, 공학자
software engineer 소프트웨어 기술자
lightening engineer 조명 담당 기사
The engineer demonstrated how to use the new equipment.
그 기술자는 새 장비 사용법을 설명했다.

builder
[ˈbɪl.də]

n. 건설업자, 건축 회사
I hired a builder to repair the wall.
나는 벽을 수리하기 위해 건설업자를 고용했다.

carpenter
[ˈkɑːr.pɪn.t̬ə]

n. 목수, 목공
Carpenters are good at handling sharp tools.
목수들은 날카로운 연장을 잘 다룬다.

carpenter

plumber
[ˈplʌm.ə]

n. 배관공
Plumbers make a good living these days.
요즈음 배관공들은 수입이 좋다.

cashier
[kæʃˈɪr]

n. 계산원, 출납계원, 회계원
Emma is working as a cashier at a convenience store.
엠마는 편의점에서 계산원으로 일한다.

accountant
[əˈkaʊn.t̬ənt]

n. 회계원, 회계사
My company is going to hire an accountant.
우리 회사는 회계사를 한 사람 고용하려 한다.

accountant

lawyer
[ˈlɑː.jɚ]

n. 법률가, 변호사, 법조인
Mr. Brown is one of the best lawyers in Boston.
브라운씨는 보스턴에서 가장 우수한 변호사들 중의 한 사람이다.

secretary
[ˈsek.rə.ter.i]

n. 비서, 총무, 장관
Home Secretary 내무 장관
Foreign Secretary 외무 장관
Julia works in a trading company as a secretary.
줄리아는 한 무역 회사에서 비서로 일한다.

vet
[vet]

n. 수의사, 동물 병원
(Am) veterinarian / (Brit) veterinary surgeon
I took my puppy to the vet last night.
나는 어젯밤 강아지를 수의사에게 데려갔다.

* Am 미국 영어 / Brit 영국 영어

Check-up Test

1 - 10. 우리말은 영어로 영어는 우리말로 쓰시오.

1. builder	_____	6. 제빵사	_____
2. secretary	_____	7. 청소부	_____
3. electrician	_____	8. 이발사	_____
4. fishmonger	_____	9. 의사, 박사	_____
5. accountant	_____	10. 기술자	_____

11 – 15. 빈칸에 알맞은 단어를 보기에서 찾아 쓰시오.

> a) lawyer   b) plumber   c) butcher   d) optician   e) hairdresser

11. James became a _____ after law school.

12. The _____ is cutting a woman's hair.

13. We have to call a _____ to fix our sink.

14. He bought some pork chops at the _____ nearby.

15. I went to the _____ because I needed to change my glasses.

16 – 20. 빈칸에 알맞은 단어를 보기에서 찾아 쓰시오.

> a) vet   b) nurse   c) dentist   d) firemen   e) carpenter

16. The _____ took a patient's blood pressure.

17. Since the roof leaks, we need to call a _____.

18. If you have a toothache, you should go to the _____.

19. My cat appears to be sick, so I have to take her to the _____.

20. It took almost five hours for the _____ to put out the fire.

21 – 25. 빈칸에 알맞은 단어를 사용하여 문장을 완성하시오 (주관식).

21. The _____ plans to open more restaurants nationwide.
그 요리사는 전국적으로 많은 식당을 열 계획을 갖고 있다.

22. Our _____ will soon serve drinks and a light snack.
우리 승무원들이 곧 음료와 가벼운 간식을 제공할 것입니다.

23. Dr. Kim is one of the best heart _____ in the country.
김박사는 국내 최고의 심장 전문의들 중의 한 사람이다.

24. Amazon is opening its first convenience store without _____.
아마존은 계산원이 없는 최초의 편의점을 열려고 한다.

25. A _____ pulled the driver over and asked for his driving license.
경찰관은 운전자에게 차를 갓길에 세우게 한 후 면허증을 제시할 것을 요구했다.

31

Job Activities
직업 활동

Day 4

 중요 어휘 Pre-test

Connect words and meanings.
영어 단어와 우리말 뜻을 바르게 연결하시오.

1. **vacancy**
2. **overtime**
3. **promotion**
4. **colleague**
5. **CV (curriculum vitae)**

a) 진급
b) 동료
c) 이력서
d) 결원, 공석
e) 잔업, 초과 근무

Today's Task

How many words do you know?
오늘 학습할 단어입니다. 알고 있는 단어에 √로 표시하시오.

- ☐ job
- ☐ job interview
- ☐ employ
- ☐ occupation
- ☐ profession
- ☐ application
- ☐ apprentice
- ☐ trainee
- ☐ colleague
- ☐ CV (curriculum vitae)
- ☐ vacancy
- ☐ full-time
- ☐ part-time
- ☐ salary
- ☐ pay slip
- ☐ wage
- ☐ wage cut
- ☐ raise
- ☐ promotion
- ☐ bonus
- ☐ training
- ☐ apprentice-ship
- ☐ overtime
- ☐ earn one's living
- ☐ work in shifts

Pre-test Answer 1. d 2. e 3. a 4. b 5. c

job
[dʒɑːb]

n. 직업, 일, 직무, 책임
apply for a job 일자리에 지원
하다
between jobs 실직 상태인
Daniel is between jobs at the
moment.
다니엘은 현재 실직 상태이다.

job

job interview
[ˈɪn.tɚ.vjuː]

n. 취업 면접, 구직 면접
I have a job interview tomorrow morning.
나는 내일 아침 취업 면접이 있다.

employ
[ɪmˈplɔɪ]

v. 고용하다, 쓰다, 이용하다
employee 고용인, 직원   employer 고용주
The factory employed 25 temporary workers
last month.
그 공장은 지난 달 25 명의 임시직원을 채용했다.

occupation
[ˌɑː.kjəˈpeɪ.ʃən]

n. 직업
What is your occupation?
당신의 직업은 무엇입니까?

profession
[prəˈfeʃ.ən]

n. (전문직) 직업, 직종, 직위
My uncle is an accountant by profession.
삼촌은 직업이 회계사이다.

application
[ˌæp.ləˈkeɪ.ʃən]

n. 지원, 신청, 적용, 응용
He filled out a job application form.
그는 취업 신청서를 작성했다.

apprentice
[əˈpren.tɪs]

n. 견습생, 도제, 수습생
I work as an apprentice chef at a restaurant.
나는 식당에서 견습 요리사로 일한다.

apprenticeship
[əˈpren.tˌɪs.ʃɪp]

n. 견습 기간, 도제의 신분
He has not finished his apprenticeship yet.
그는 아직 견습 기간이 끝나지 않았다.

---

trainee
[ˌtreɪˈniː]

n. 직업 훈련생, 수습 직원
Only half of the trainees completed the training course.
직업 훈련생들의 절반만이 훈련 과정을 마쳤다.

---

colleague
[ˈkɑː.liːg]

n. (직장) 동료, (사업상) 동업자
One of his colleagues moved to the New York office.
그의 동료 중 한 사람이 뉴욕 지사로 발령이 났다.

colleague

CV (curriculum vitae)
[kəˌrɪk.jə.ləm ˈviː.taɪ]

n. 이력서, 경력서
Please send me a full CV with your job application.
취업 지원서와 함께 상세한 이력서를 내게 보내주세요.

---

vacancy
[ˈveɪ.kən.si]

n. 결원, 공석, 빈 객실
fill a vacancy 결원을 보충하다
There is a vacancy in the marketing department.
마케팅 부서에 공석이 하나 있다.

---

full-time
[ˌfʊl ˈtaɪm]

adj. / adv. 정규직의, 전임의, 상근직의
She works full-time as an accountant at a trading company.
그녀는 한 무역회사의 정규직 회계사로 일한다.

---

part-time
[ˌpɑːrtˈtaɪm]

adj. / adv. 시간제의, 파트 타임인
I am looking for a part-time job for weekends.
나는 주말에 일하는 시간제 일을 찾고 있다.

part-time

salary [ˈsæl.ɚ.i]	**n.** 급여, 월급, 봉급 annual salary 연봉 negotiate salary 연봉 협상을 하다 He is satisfied with his salary. 그는 자신의 월급에 만족한다.
pay slip [peɪ slɪp]	**n.** 급여 명세서 When did you receive your pay slip? 급여 명세서를 언제 받았나요?
wage [weɪdʒ]	**n.** 임금, 급료 minimum wage 최저 임금 The board decided to give the workers a 3 percent wage increase. 이사회는 직원들의 임금을 3% 인상하기로 결정했다.
wage cut [kʌt]	**n.** 임금 인하, 감봉 (pay cut) The company announced a 10 percent wage cuts. 회사는 10%의 임금 삭감을 발표했다.
raise [reɪz]	**n.** (임금, 물가 등의) 인상, 상승 **v.** 들어 올리다, 일으키다, 인상하다 ask for a raise 임금 인상을 요구하다 The labor union is demanding a 7 percent pay raise. 노동 조합은 7%의 임금 인상을 요구하고 있다.
promotion [prəˈmoʊ.ʃən]	**n.** 승진, 진급, 홍보 활동 You can choose between a promotion and a pay vacation. 당신은 진급과 유급 휴가 중 하나를 선택할 수 있습니다.
bonus [ˈboʊ.nəs]	**n.** 상여금, 특별 수당, 보너스 The company gives its employees a bonus twice a year. 그 회사는 직원들에게 일 년에 두 번 보너스를 지불합니다.

training [ˈtreɪ.nɪŋ]	n. 교육, 훈련, 연수 training course 훈련 과정, 연수 과정 The training session will last three weeks. 연수 과정은 3 주 동안 진행됩니다.
overtime [ˈoʊ.vɚ.taɪm]	n. 잔업, 초과 근무, 시간외 근무 If we do not work overtime today, we will miss the deadline. 만약 오늘 초과 근무를 하지 않는다면, 마감 기한을 지키지 못할 것입니다. overtime
earn one's living	v. 생활비를 벌다, 생계를 꾸리다 David earns his living as a part-time plumber. 데이비드는 시간제 배관공으로 생계를 유지하고 있다.
work in shifts	v. 교대로 일하다, 교대로 근무하다 The crew members have to work in shift around the clock. 승무원들은 24 시간 연속으로 교대 근무를 해야 한다. * around the clock 24 시간 연속으로

Check-up Test

1 – 10. 우리말은 영어로 영어는 우리말로 쓰시오.

1. raise	_____	6. 임금	_____
2. salary	_____	7. 급여 명세서	_____
3. colleague	_____	8. 전임의	_____
4. occupation	_____	9. 생계를 유지하다	_____
5. apprenticeship	_____	10. 교대 근무 하다	_____

11 – 15. 빈칸에 알맞은 단어를 보기에서 찾아 쓰시오.

> a) employ   b) overtime   c) job   d) vacancies   e) application

11. My new _____ pays better than my old one.

12. There are currently three _____ in our office.

13. The deadline for the job _____ is next Friday.

14. The company plans to _____ 200 new staff this year.

15. We have to work _____ to finish the project on time.

16 – 20. 빈칸에 알맞은 단어를 보기에서 찾아 쓰시오.

> a) training   b) promotion   c) profession   d) CV (curriculum vitae)
> e) job interview

16. Eliot is a lawyer by _____.

17. You have to wear a suit at the _____.

18. His hard work was rewarded with _____.

19. All new employees have to attend a _____ workshop.

20. Applicants are expected to send a full _____ by April 5th.

21 – 25. 빈칸에 알맞은 단어를 사용하여 문장을 완성하시오 (주관식).

21. Matthew works _____ at a gas station after school.
매튜는 방과 후 주유소에서 시간제로 일한다.

22. George works as an _____ in the carpenter's shop.
조지는 목공소에서 도제로 일한다.

23. Since sales have increased, everyone is expecting a big _____.
판매가 증가했기 때문에, 모두가 큰 보너스를 기대하고 있다.

24. Most _____ will be employed if they finish the training course successfully.
연수생들의 대부분은 연수 과정을 마친 후 채용될 것이다.

25. Because of the economic downturn, all staff would have to accept
_____.
경기침체로 인해, 전 직원들은 임금 삭감을 받아들여야 할 것이다.

Part 2

Appearances, Characters & Feelings

중요 어휘 Pre-test

Connect words and meanings.
영어 단어와 우리말 뜻을 바르게 연결하시오.

1. elegant
2. slender
3. muscular
4. attractive
5. unkempt

a) 날씬한
b) 우아한
c) 매력적인
d) 흐트러진
e) 근육질의

Today's Task

How many words do you know?
오늘 학습할 단어입니다. 알고 있는 단어에 √로 표시하시오.

☐ attractive
☐ handsome
☐ muscular
☐ fit
☐ obese
☐ thin
☐ slim
☐ slender
☐ skinny

☐ underweight
☐ short
☐ tall
☐ bald
☐ blond
☐ smart
☐ elegant
☐ fashionable
☐ neat

☐ tidy
☐ unkempt
☐ beard
☐ mustache
☐ young
☐ middle-aged
☐ elderly

Pre-test Answer 1. b 2. a 3. e 4. c 5. d

attractive
[əˈtræk.tɪv]

adj. 매력적인, 매혹적인
Annie is an attractive woman.
애니는 매력적인 여인이다.

handsome
[ˈhæn.səm]

adj. 잘생긴, 멋진
Joshua was quite handsome when he was young.
조슈아는 젊었을 때 매우 잘생겼었다.

muscular
[ˈmʌs.kjə.lɚ]

adj. 근육의, 근육질의
muscular force 근력
muscular labor 육체 노동
The young man was tall, handsome, and muscular.
그 청년은 키가 크고, 잘 생겼으며, 근육질이었다.

muscular

fit
[fɪt]

adj. 건강한, 적합한, 알맞은
v. 맞다, 적합하다
If you want to stay fit, do regular exercise.
건강을 유지하기를 원한다면, 규칙적인 운동을 하세요.

obese
[oʊˈbiːs]

adj. 살찐, 뚱뚱한, 비만인
obesity 비만, 비대
Roughly one in six children are obese in the United States.
미국의 아이들은 대략 여섯 명 중 한 명이 비만이다.

thin
[θɪn]

adj. 얇은, 마른, 가는
The girl was tall and thin.
그 소녀는 키가 크고 말랐다.

slim
[slɪm]

adj. 날씬한, 호리호리한, 얇은
The evening dress suits her slim figure.
그 이브닝 드레스는 그녀의 날씬한 몸매에 잘 어울린다.

slender [ˈslen.dɚ]	**adj.** 가는, 날씬한, 호리호리한 (thin, slim과 동의어) The pianist has long and slender fingers. 그 피아니스트는 손가락이 길고 가늘었다. slender
skinny [ˈskɪn.i]	**adj.** 깡마른, 삐쩍 마른, 피골이 상접한; (옷 등이) 몸에 딱 붙게 만든 You are too skinny and don't need to go on a diet. 당신은 너무 말라서 다이어트를 할 필요가 없습니다.
underweight [ˌʌn.dɚˈweɪt]	**adj.** 중량이 부족한, 체중 미달인 When found, the boy was malnourished and underweight. 발견됐을 때, 소년은 영양 실조에 체중 미달이었다.
short [ʃɔːrt]	**adj.** 키가 작은, (거리 또는 길이가) 짧은, 부족한 The sailor was short but had a stout, muscular body. 그 선원은 키가 작았지만 탄탄한 근육질의 몸을 갖고 있었다. short
tall [tɑːl]	**adj.** 높은, 키가 큰 All models on the stage were tall and thin. 무대 위의 모델들은 모두 키가 크고 말랐었다.
bald [bɑːld]	**adj.** 대머리의, 머리가 벗겨진, 단도직입적인 a bald statement 직설적인 진술 Mark started going bald in his early thirties. 마크는 30 대 초반에 머리가 벗겨지기 시작했다.
blond [blɑnd]	**adj.** 금발의 The girl I met yesterday had long blond hair and blue eyes. 어제 내가 만났던 여자 아이는 긴 금발에 파란 눈이었다.

smart [smɑːrt]	adj. 말쑥한, 맵시 있는, 영리한 Tom is the smartest boy in the class. 톰은 반에서 가장 영리한 소년이다.
elegant [ˈel.ə.gənt]	adj. 품격 있는, 우아한 elegance 우아, 고상 The old furniture is antique and elegant. 그 고가구는 고풍스럽고 우아하다.
fashionable [ˈfæʃ.ən.ə.bəl]	adj. 유행의, 유행을 따르는, 패션 감각이 있는 That lady looks very fashionable. 저 숙녀는 매우 패션 감각이 있어 보인다.
neat [niːt]	adj. 정돈된, 산뜻한, 말쑥한 James looks neat in his new suit. 제임스는 새 양복을 입어서 깔끔해 보인다.
tidy [ˈtaɪ.di]	adj. 깔끔한, 잘 정돈된 / v. 정돈하다, 정리하다 You have to keep your room neat and tidy. 당신은 방을 깨끗하게 정돈해야 합니다. The cottage we stayed last summer was clean and tidy. 지난 여름 우리가 머물렀던 별장은 깨끗하고 잘 정돈되어 있었다.
unkempt [ʌnˈkempt]	adj. 흐트러진, 단정하지 못한 unkempt hair 부스스한 머리 The man looked dirty and unkempt. 그 남자는 지저분하고 단정하지 못해 보였다.

unkempt

beard [bɪrd]	n. 수염, 턱수염 stroke one's beard 수염을 쓰다듬다 A man with a long grey beard asked me the way to the station. 회색 턱수염을 길게 기른 남자가 내게 역으로 가는 길을 물었다.

| **mustache**
(moustache)
[ˈmʌs.tæʃ] | **n.** 콧수염
Joe's uncle wears a mustache.
조의 삼촌은 콧수염을 기르고 있다. |
mustache |

| **young**
[jʌŋ] | **adj.** 젊은, 어린, 청년의, 경험이 없는
He is young, handsome, and intelligent.
그는 젊고, 잘 생겼고, 그리고 총명했다. |

| **middle-aged**
[ˌmɪd.əlˈeɪdʒd] | **adj.** 중년의
A few days ago, a middle-aged man came to visit me.
며칠 전 한 중년 남자가 나를 방문했다. |

| **elderly**
[ˈel.dɚ.li] | **adj.** 나이 든, 노인의 (old의 정중한 표현)
The young man offered his seat to an elderly person.
청년은 노인에게 자신의 좌석을 양보했다. |

Check-up Test

1 – 10. 우리말은 영어로 영어는 우리말로 쓰시오.

1. thin	_____	6. 높은, 키가 큰	_____
2. neat	_____	7. 짧은, 키가 작은	_____
3. smart	_____	8. 젊은, 경험이 없는	_____
4. beard	_____	9. 나이 든, 노인의	_____
5. mustache	_____	10. 중년의	_____

a) slim b) bald c) fit d) fashionable e) slender

11. The water in this well is not _____ to drink.

12. It is _____ to have short hair this summer.

13. The basketball player was tall, _____, and fast.

14. His chance of winning in the next match is very _____.

15. When I first met him five years ago, he was not _____.

16 – 20. 빈칸에 알맞은 단어를 보기에서 찾아 쓰시오.

a) tidy b) skinny c) obese d) muscular e) handsome

16. Julia always keeps her room neat and _____.

17. The man was not as _____ as you told me.

18. John does weight training every day to have a _____ body.

19. The girl who is tall and _____ like a dried fish is my sister.

20. According to a study, 90% of adults with diabetes are overweight or _____.

21 – 25. 빈칸에 알맞은 단어를 사용하여 문장을 완성하시오 (주관식).

21. When I first met Jane, I thought she was an _____ woman.
내가 제인을 처음 만났을 때, 나는 그녀가 매력적인 여인이라고 생각했다.

22. About ten percent of the country's babies are born _____.
그 나라의 아기들의 약 10%는 체중 미달로 태어난다.

23. The lady I met at the dinner party looked very _____ and noble.
내가 만찬 파티에서 만났던 숙녀는 매우 우아하고 고상해 보였다.

24. Only two percent of the world's population has naturally _____ hair.
세계 인구의 불과 2% 만이 선천적인 금발이다.

25. A man with a long beard and _____ hair was playing the guitar on the street.
긴 턱수염과 더부룩한 머리를 한 남자가 거리에서 기타를 치고 있었다.

Characters
성격

Day 6

 중요 어휘 Pre-test

Connect words and meanings.
영어 단어와 우리말 뜻을 바르게 연결하시오.

1. bossy
2. sociable
3. aggressive
4. impulsive
5. generous

a) 사교적인
b) 관대한
c) 권위적인
d) 공격적인
e) 충동적인

Today's Task

How many words do you know?
오늘 학습할 단어입니다. 알고 있는 단어에 √로 표시하시오.

☐ brave
☐ clever
☐ generous
☐ easygoing
☐ friendly
☐ sociable
☐ funny
☐ talkative
☐ reliable

☐ sympathetic
☐ industrious
☐ hard-working
☐ lazy
☐ dependable
☐ shy
☐ honest
☐ polite
☐ popular

☐ rude
☐ bossy
☐ ambitious
☐ charisma
☐ aggressive
☐ selfish
☐ impulsive

Pre-test Answer 1. c 2. a 3. d 4. e 5. b

brave [breɪv]	adj. 용감한, 씩씩한 His brave action is worthy of respect. 그의 용감한 행동은 존경받을 가치가 있다.

brave

clever [ˈklev.ɚ]	adj. 똑똑한, 영리한 Michael is a very clever boy. 마이클은 매우 영리한 소년이다.

generous [ˈdʒen.ər.əs]	adj. 너그러운, 관대한, 아량이 있는 generous soil 비옥한 토지 generous donor 거액의 기부자 The millionaire makes generous donations to charities every year. 그 백만장자는 매년 여러 자선단체에 거액을 기부한다.

easygoing [ˌiː.ziˈɡoʊ.ɪŋ]	adj. 느긋한, 태평스러운, 편안한 Ben is always easygoing about everything. 벤은 언제나 만사에 태평이다.

friendly [ˈfrend.li]	adj. 친절한, 다정한, 우호적인 Mary is friendly to everyone. 메리는 모든 사람들에게 친절하다.

friendly

sociable [ˈsoʊ.ʃə.bəl]	adj. 사교적인, 붙임성 있는 If you want to make friends, you need to be a bit more sociable. 만약 당신이 친구들을 사귀고 싶다면, 좀 더 사교적일 필요가 있습니다.

funny [ˈfʌn.i]	adj. 우스운, 재미있는, 유쾌한 He told me a joke, but it was not funny. 그는 내게 농담을 했지만, 재미있지는 않았다.

talkative
['tɑː.kə.t̬ɪv]

adj. 말이 많은, 수다스러운
Gwen is a pleasant, witty, and talkative girl.
그웬은 친절하고, 재치 있고, 수다스러운 소녀이다.

reliable
[rɪˈlaɪ.ə.bəl]

adj. 믿을 수 있는, 신뢰할 수 있는
As far as I know, Tom is a reliable colleague.
내가 아는 한, 톰은 믿을 수 있는 동료이다.

sympathetic
[ˌsɪm.pəˈθet̬.ɪk]

adj. 동정적인, 공감하는, 호의적인
I am sympathetic to his point of view.
나는 그의 관점에 공감한다.
I am not sympathetic to his situation.
나는 그의 상황을 동정하지 않는다.

sympathetic

industrious
[ɪnˈdʌs.tri.əs]

adj. 근면한, 부지런한, 노력하는
Taylor is talented, enthusiastic, and industrious.
테일러는 재능 있고, 열정적이며, 근면하다.

hard-working
[ˌhɑːrdˈwɝː.kɪŋ]

adj. 부지런히 일하는, 근면한
He is one of the most hard-working students in the class.
그는 반에서 가장 근면한 학생들 중의 하나이다.

lazy
['leɪ.zi]

adj. 게으른, 나태한, 느긋한
Jack regrets having been lazy in his school days.
잭은 학창시절 게을렀던 것을 후회한다.

lazy

dependable
[dɪˈpen.də.bəl]

adj. 의존할 수 있는, 신뢰할 수 있는
Good friends are the people who are dependable and trustworthy.
좋은 친구는 의존할 수 있고 믿을 수 있는 사람이다.

shy [ʃaɪ]	**adj.** 수줍은, 내성적인 **v.** 겁을 먹다, 주춤하다 Maria was shy and didn't talk much when she was a student. 마리아는 학생이었을 때 수줍음이 많았고 말을 많이 하지 않았다.
honest [ˈɑː.nɪst]	**adj.** 정직한, 솔직한 To be honest, I don't like her at all. 솔직히 말하자면, 나는 그녀를 좋아하지 않는다. Be honest with yourself. 스스로에게 솔직해지세요.
polite [pəˈlaɪt]	**adj.** 정중한, 예의 바른, 공손한 He is always polite when talking to others. 그는 다른 사람들과 말할 때 항상 정중하다.
popular [ˈpɑː.pjə.lɚ]	**adj.** 인기 있는, 유명한, 대중적인 popular song 대중가요, 팝송 He is one of the most popular actors in the world. 그는 세상에서 가장 유명한 배우들 중의 한 사람이다.
rude [ruːd]	**adj.** 무례한, 거친, 상스러운 It is rude to cut in while others are talking. 다른 사람들의 대화에 끼어드는 것은 무례한 행동이다.
bossy [ˈbɑː.si]	**adj.** 거만한, 권위적인 No one liked his aggressive and bossy behavior at the party. 누구도 파티에서 그의 공격적이고 권위적인 행동을 좋아하지 않았다.

bossy

ambitious [æmˈbɪʃ.əs]	**adj.** 야심 찬, 의욕적인, 대담한 Joe is a talented and highly ambitious young man. 조는 재능이 있고 매우 야심찬 청년이다.

charisma [kəˈrɪz.mə]	**n.** 카리스마, 사람을 휘어잡는 힘, 통솔력 charismatic 카리스마가 있는 Our new boss is a man of strong charisma. 신임 사장은 카리스마가 강한 사람이다.
aggressive [əˈgres.ɪv]	**adj.** 공격적인, 적극적인 aggressive driving 난폭 운전 To succeed in business, you need to be more aggressive. 사업에 성공하기 위해서 당신은 좀 더 적극적일 필요가 있다.
selfish [ˈsel.fɪʃ]	**adj.** 이기적인, 자기 중심적인 a selfish motive 이기적인 동기 Humans are selfish by nature. 인간은 천성적으로 이기적이다.
impulsive [ɪmˈpʌl.sɪv]	**adj.** 충동적인, 즉흥적인 an impulsive buyer 충동 구매자 You should not make an impulsive decision. 충동적으로 결정을 내려서는 안된다.

Part 2 Appearances, Characters & Feelings

Check-up Test

1 - 10. 우리말은 영어로 영어는 우리말로 쓰시오.

1. clever	_____	6. 게으른	_____
2. friendly	_____	7. 권위적인	_____
3. sociable	_____	8. 무례한	_____
4. easygoing	_____	9. 수다스러운	_____
5. industrious	_____	10. 부지런한	_____

11 – 15. 빈칸에 알맞은 단어를 보기에서 찾아 쓰시오.

a) honest b) selfish c) funny d) ambitious e) charisma

11. It is not _____ to insult other people.

12. People with _____ tend to be a leader.

13. A _____ person cares only about themselves.

14. To be _____ with you, I don't think you can do it.

15. He found it difficult to complete his _____ project.

16 – 20. 빈칸에 알맞은 단어를 보기에서 찾아 쓰시오.

a) polite b) reliable c) generous d) brave e) impulsive

16. The _____ soldiers resisted the enemy's attacks.

17. A lot of people often make _____ purchases online.

18. I can assure you that the information came from a _____ source.

19. You have to remember that it is not _____ to interrupt people.

20. Being a kind and _____ man, he always wanted to help people in need.

21 – 25. 빈칸에 알맞은 단어를 사용하여 문장을 완성하시오 (주관식).

21. I am deeply _____ to the victims of the floods.
나는 그 홍수의 피해자들에 대해 깊은 동정심을 느낀다.

22. To win the match, we must have more _____ tactics.
경기에 이기기 위해서, 우리는 좀 더 공격적인 전략이 필요하다.

23. In her childhood, Jane was _____ and always remained in the background.
어린 시절, 제인은 수줍음을 타고 항상 뒤에 물러서 있었다.

24. Since then, denim jeans have become _____ among young people.
그 이후, 데님 청바지는 젊은이들 사이에서 인기를 끌게 되었다.

25. The company built up its reputation as a manufacturer of _____ vehicles.
그 회사는 믿을 수 있는 자동차를 제조업체로서 명성을 확립했다.

Day 7

Feelings & Emotions
감정

중요 어휘 Pre-test

Connect words and meanings.
영어 단어와 우리말 뜻을 바르게 연결하시오.

1. bored
2. blue
3. satisfied
4. anxious
5. comfortable

a) 우울한
b) 불안한
c) 싫증난
d) 편안한
e) 만족스러운

Today's Task

How many words do you know?
오늘 학습할 단어입니다. 알고 있는 단어에 √로 표시하시오.

- ☐ anxious
- ☐ afraid
- ☐ angry
- ☐ blue
- ☐ annoy
- ☐ bored
- ☐ cheerful
- ☐ upset
- ☐ concerned

- ☐ depressed
- ☐ fear
- ☐ grief
- ☐ happiness
- ☐ excited
- ☐ frightened
- ☐ satisfied
- ☐ dissatisfied
- ☐ jealous

- ☐ lonely
- ☐ nervous
- ☐ insult
- ☐ panic
- ☐ pleased
- ☐ comfortable
- ☐ worried

Pre-test Answer   1. c   2. a   3. e   4. b   5. d

anxious
[ˈæŋk.ʃəs]

adj. 불안한, 염려하는, 걱정스러운
I am anxious about his health.
나는 그의 건강이 염려스럽다.

afraid
[əˈfreɪd]

adj. 겁내는, 무서워하는
George is afraid of spiders.
조지는 거미를 무서워한다.

angry
[ˈæŋ.gri]

adj. 화난, 성난
Emily is angry at John.
에밀리는 존에게 화가 났다.
Don't make him angry.
그를 화나게 하지 마세요.

angry

blue
[bluː]

adj. 우울한, 파란, 푸른
I feel blue today.
오늘은 기분이 우울하다.
My favorite color is blue.
내가 좋아하는 색은 파란색이다.

annoy
[əˈnɔɪ]

v. 귀찮게 하다, 짜증나게 하다
You are really annoying me.
너는 나를 정말 성가시게 한다.

bored
[bɔːrd]

adj. 지루해 하는, 싫증난
boring 지루한, 재미없는
His story was boring, so the
boys got bored soon.
그의 이야기는 재미가 없었다, 그래서
소년들은 곧 지루해졌다.

bored

cheerful
[ˈtʃɪr.fəl]

adj. 발랄한, 쾌활한, 유쾌한
Paul is a bright and cheerful person by nature.
폴은 천성적으로 밝고 명랑한 사람이다.

upset
[ʌpˈset]

v. 속상하게 하다
adj. 속상한, 마음이 상한, 심란한
Emma was upset because Tom ignored her.
엠마는 톰이 그녀를 무시해서 마음이 상했다.

concerned
[kənˈsɜːnd]

adj. 우려하는, 걱정하는, 관심이 있는
Parents are always concerned about their children's health and safety.
부모들은 항상 자식들의 건강과 안전을 염려한다.

depressed
[dɪˈprest]

adj. 우울한, 낙담한, 의기소침한
Julia listens to music when she is depressed.
줄리아는 우울할 때 음악을 듣는다.

fear
[fɪr]

n. 무서움, 공포, 두려움
v. 무서워하다, 두려워하다
Being good at swimming, Tommy has no fear of water.
수영에 능숙하기 때문에 토미는 물을 두려워하지 않는다.

grief
[griːf]

n. 슬픔, 애도, 비탄
be in deep grief 깊은 슬픔에 잠기다
He was sick with grief after his wife's death.
아내가 죽자 그는 슬픔으로 병에 걸렸다.

happiness
[ˈhæp.i.nəs]

n. 행복, 기쁨, 만족
His secret to happiness is maintaining a healthy lifestyle.
그의 행복의 비결은 건전한 생활 방식을 유지하는 것이다.

excited
[ɪkˈsaɪ.t̬ɪd]

adj. 신이 난, 들뜬, 흥분한
The boy was excited at the prospect of having a brother.
소년은 동생이 생긴다는 기대에 들떠 있었다.

excite

frightened
[ˈfraɪ.tənd]

adj. 깜짝 놀란, 무서워하는, 겁먹은
The boys got frightened at a bulldog and ran away.
소년들은 불독을 보자 놀라서 도망을 쳤다.

satisfied
[ˈsæt̬.ɪs.faɪd]

adj. 만족한, 흡족해 하는
Are you satisfied with your current job?
당신은 당신의 현재 직업에 만족하십니까?

satisfied

dissatisfied
[ˌdɪsˈsæt̬.əs.faɪd]

adj. 불만인, 불만스러운, 불쾌한
I was dissatisfied with his manners at the meeting yesterday.
나는 어제 회의에서 그의 태도가 불쾌했다.

jealous
[ˈdʒel.əs]

adj. 질투하는, 부러워하는, 시기하는
I think they are jealous of your success.
내 생각엔 그들이 너의 성공을 부러워하는 것 같아.

lonely
[ˈloʊn.li]

adj. 혼자인, 외로운, 쓸쓸한
Jennifer has no friends, but she doesn't feel lonely.
제니퍼는 친구가 없지만 외로움을 느끼지는 않는다.

nervous
[ˈnɝː.vəs]

adj. 긴장되는, 불안한, 초조한, 신경과민의
Whenever she steps onto the stage, she gets nervous.
그녀는 무대에 오를 때마다 긴장을 한다.

insult
[ˈɪn.sʌlt]

v. 모욕하다, 창피 주다
n. 모욕, 모욕적인 언행
I did not intend to insult you at all.
나는 전혀 당신을 모욕할 의도는 없었습니다.

insult

panic
[ˈpæn.ɪk]

n. 공포, 공황
v. (panicked, panicked) 겁에 질리다, 공황 상태에 빠지다
Don't panic. You will be fine.
당황하지 마세요. 괜찮을 겁니다.

pleased
[pliːzd]

adj. 만족스러운, 즐거운, 기쁜
We were very pleased to hear the news.
우리는 그 소식을 듣게 되어 매우 기뻤다.

comfortable
[ˈkʌm.fɚ.tˬə.bəl]

adj. 쾌적한, 편안한
I feel comfortable staying in this hotel.
나는 이 호텔에서 지내는 것이 편안하다.

worried
[ˈwɜːrid]

adj. 걱정하는, 우려하는
worry 걱정하다, 불안해하다
The old man was worried about the boy's safety.
그 노인은 소년의 안전이 걱정되었다.
Don't worry about it. Everything will be alright.
걱정 마세요. 모든 일이 잘 될 겁니다.

Check-up Test

1 - 10. 우리말은 영어로 영어는 우리말로 쓰시오.

1. angry	_____	6. 두려움	_____
2. panic	_____	7. 모욕하다	_____
3. jealous	_____	8. 불안한	_____
4. cheerful	_____	9. 우울한	_____
5. concerned	_____	10. 깜짝 놀란	_____

11 – 15. 빈칸에 알맞은 단어를 보기에서 찾아 쓰시오.

a) blue b) annoyed c) happiness d) afraid e) anxious

11. Jane is _____ of cats.

12. I am _____ to meet him.

13. Winter makes me feel _____.

14. I was _____ at his rude manner.

15. Wealth does not always bring you _____.

16 – 20. 빈칸에 알맞은 단어를 보기에서 찾아 쓰시오.

a) upset b) grief c) excited d) pleased e) satisfied

16. We will be _____ that you accept our offer.

17. Many people were shocked and _____ by the news.

18. She went almost mad with _____ after her husband's death.

19. If you are not _____ with our product, please return it to us.

20. Jacob was so _____ about the school trip that he could not fall asleep.

21 – 25. 빈칸에 알맞은 단어를 사용하여 문장을 완성하시오 (주관식).

21. As he is a good storyteller, I was never _____ with his stories.
그는 훌륭한 이야기꾼이어서, 나는 그의 이야기가 지루한 적이 없었다.

22. Anthony is _____ about his presentation at the seminar next week.
앤서니는 다음 주에 있을 세미나에서의 발표를 걱정하고 있다.

23. To achieve your goal, you have to set out a long and _____ journey.
목표를 달성하기 위해, 당신은 길고 고독한 여정을 시작해야 합니다.

24. Flight attendants help passengers to be _____ during their flights.
비행기 승무원들은 승객들이 비행하는 동안 편안히 지낼 수 있도록 돕는다.

25. Kevin was _____ with his test result because he expected a higher score.
케빈은 시험 결과가 불만스러웠다, 왜냐하면 그는 좀 더 높은 점수를 기대했기 때문이다.

Part 3

Body, Senses & Health

Day 8

Body
신체

중요 어휘 Pre-test

Connect words and meanings.
영어 단어와 우리말 뜻을 바르게 연결하시오.

1. palm
2. wrist
3. knee
4. muscle
5. stomach

a) 위
b) 근육
c) 손바닥
d) 손목
e) 무릎

Today's Task

How many words do you know?
오늘 학습할 단어입니다. 알고 있는 단어에 √로 표시하시오.

☐ brain   ☐ toe   ☐ spine
☐ bone   ☐ chin   ☐ stomach
☐ arm   ☐ cheek   ☐ heart
☐ elbow   ☐ eyelid   ☐ kidney
☐ palm   ☐ eye brow   ☐ lung
☐ wrist   ☐ jaw   ☐ chest
☐ fingernail   ☐ lip   ☐ nerves
☐ ankle   ☐ back
☐ knee   ☐ muscle

Pre-test Answer   1. c   2. d   3. e   4. b   5. a

Part 3 Body, Senses & Health

brain
[breɪn]

n. 뇌, 두뇌, 머리

rack one's brain 머리를 짜내다, 깊이 생각하다

Get some rest. It will help your brain work well.
휴식을 좀 취하세요. 그러면 두뇌 활동이 활발해질 겁니다.

brain

---

bone
[boʊn]

n. 뼈, 골격, 뼈대

Jacob has a fish bone stuck in his throat.
제이콥은 목에 생선 가시가 걸렸다.

---

arm
[ɑːrm]

n. 팔, 소매; pl. 무기
v. 무장하다, 무장시키다

They were walking arm in arm.
그들은 팔짱을 끼고 걸어가고 있었다.

The terrorists were armed with machine guns.
테러리스트들은 기관총으로 무장하고 있었다.

---

elbow
[ˈel.boʊ]

n. 팔꿈치 / v. 팔꿈치로 밀다

I noticed the boy's shirt torn at the elbow.
나는 소년의 셔츠 팔꿈치가 찢어진 것을 보았다.

---

palm
[pɑːm]

n. 손바닥, 야자나무, 종려나무

When you got stressed, you may have sweaty palms.
스트레스를 받으면, 손바닥에 땀이 찰 수 있습니다.

palm

---

wrist
[rɪst]

n. 손목, 팔목

Daniel sprained his wrist when he fell from the stairs.
다니엘은 계단에서 넘어져 손목을 삐었다.

---

fingernail
[ˈfɪŋ.ɡɚ.neɪl]

n. 손톱

Don't bite your fingernails. That's a bad habit.
손톱을 물지 마. 그건 나쁜 습관이야.

ankle
[ˈæŋ.kəl]

n. 발목

ankle injury 발목 부상
I twisted my ankle, playing tennis last Saturday.
나는 지난 토요일 테니스를 치다가 발목을 삐었다.

knee
[niː]

n. 무릎, 무릎 관절 / v. 무릎으로 치다, 밀다

The priest went down on his knees and started to pray.
신부는 무릎을 꿇고 기도하기 시작했다.

toe
[toʊ]

n. 발가락, 발끝 (tiptoe)

Mary tried to stand on her toes to reach the top shelf.
메리는 선반 꼭대기에 닿기 위해 발끝으로 서려고 했다.

toe

chin
[tʃɪn]

n. 턱

Chin up.
기운내.

A woman was resting her chin on her hands.
한 여인이 손으로 턱을 괴고 있었다.

cheek
[tʃiːk]

n. 볼, 뺨

Tears rolled down her cheeks.
눈물이 그녀의 볼을 타고 내렸다.

eyelid
[ˈaɪ.lɪd]

n. 눈꺼풀

double eyelid 쌍꺼풀
Fish don't have eyelids.
물고기는 눈꺼풀이 없다.

eye brow
[ˈaɪ.braʊ]

n. 눈썹

raise one's eyebrows (an eyebrow) 눈살을 찌푸리다, 눈썹을 치켜 올리다
She raised her eyebrows in disbelief.
그녀는 믿을 수 없다는 듯이 눈살을 찌푸렸다.

jaw
[dʒɑː]

n. 턱

upper jaw 위턱   lower jaw 아래턱
The view of the Grand Canyon will make your jaw drop.
그랜드 캐니언의 전경은 당신의 입이 떡 벌어지게 할 것입니다.

lip
[lɪp]

n. 입, 입술

bite one's lip 입술을 깨물다, 감정을 억누르다
Don't worry. I'll keep my lips sealed.
걱정 마. 비밀을 지킬 테니까.

back
[bæk]

n. 등, 등뼈, 뒷부분

I felt a terrible pain in my back.
나는 등에 심한 통증을 느꼈다.

muscle
[ˈmʌs.əl]

n. 근육

You need to stretch your muscles before doing any exercise.
운동을 하기 전에는 근육을 풀어주어야 합니다.

spine
[spaɪn]

n. 척추, 등뼈, 가시

spine-chilling 등골이 서늘한
That man injured his spine in a car accident.
저 남자는 자동차 사고로 척추를 다쳤다.

stomach
[ˈstʌm.ək]

n. 위, 복부, 배

an upset stomach 배탈
I felt a sharp pain in my stomach last night.
나는 어젯밤에 배에 날카로운 통증을 느꼈다.

heart
[hɑːrt]

n. 심장, 가슴, 마음

at heart 진심으로
When he saw her, his heart began to beat fast.
그녀를 보자, 그의 가슴은 빨리 뛰기 시작했다.

kidney
[ˈkɪd.ni]

n. 신장, 콩팥
The boy needs a kidney transplant.
그 소년은 신장 이식 수술이 필요하다.

lung
[lʌŋ]

n. 폐, 허파
If you don't want to die of lung cancer, stop smoking.
폐암으로 사망하고 싶지 않으면, 담배를 끊으세요.

chest
[tʃest]

n. 가슴, 흉부
chest cold 기침 감기
The soldier was still alive, although a bullet penetrated his chest.
총알이 그의 가슴을 관통했지만 그 병사는 여전히 살아있었다.

chest

nerves
[nɜrvz]

n. 신경
get on one's nerves 신경에 거슬리다
The creak of the door got on my nerves.
문의 삐걱거리는 소리가 신경에 거슬렸다.

Check-up Test

1 – 10. 우리말은 영어로 영어는 우리말로 쓰시오.

1. toe	_____	6. 뼈	_____
2. palm	_____	7. 신장	_____
3. wrist	_____	8. 허파	_____
4. cheek	_____	9. 가슴	_____
5. eye brow	_____	10. 심장	_____

11 – 15. 빈칸에 알맞은 단어를 보기에서 찾아 쓰시오.

a) lips b) chin c) arm d) back e) ankle

11. Keep your _____ up.

12. She caught me by the _____.

13. I tripped on the stairs and twisted my _____.

14. Your secret is safe with me. My _____ are sealed.

15. I felt someone's elbow touch my _____ on the bus.

16 – 20. 빈칸에 알맞은 단어를 보기에서 찾아 쓰시오.

a) jaw b) stomach c) fingernails d) nerves e) eyelids

16. The noise outside was getting on my _____.

17. Being so tired, I felt my _____ get heavier and heavier.

18. As soon as Susan started singing, everyone's _____ dropped.

19. Even a small amount of outdated food can make your _____ ache.

20. Tom has a habit of biting his _____ when he gets nervous.

21 – 25. 빈칸에 알맞은 단어를 사용하여 문장을 완성하시오 (주관식).

21. Omega 3 fats will make your _____ healthy and active.
오메가 3 지방은 두뇌를 건강하고 활동적으로 만든다.

22. They got down on their _____ and prayed for the war victims.
그들은 무릎을 꿇고 전쟁 희생자들을 위해 기도했다.

23. The _____ is the joint part that connects the upper arm to the forearm.
팔꿈치는 위팔과 아래팔을 연결시키는 접합 부분이다.

24. The cactus has sharp _____, which protect the plant from most animals.
선인장은 날카로운 가시를 갖는다, 이 가시는 대부분의 동물에게서 선인장을 보호한다.

25. Swimming will build your _____ without any undue strain on your joints.
수영은 관절에 불필요한 부담을 주지 않고 근육을 발달시킨다.

Senses
감각

중요 어휘 Pre-test

Connect words and meanings.
영어 단어와 우리말 뜻을 바르게 연결하시오.

1. **sour**
2. **spicy**
3. **bitter**
4. **crunchy**
5. **deafening**

a) 바삭바삭한
b) 귀가 먹먹한
c) 시큼한, 상한
d) 매운, 양념이 많은
e) 쓰라린, 신랄한

Today's Task

How many words do you know?
오늘 학습할 단어입니다. 알고 있는 단어에 √로 표시하시오.

☐ hot
☐ bitter
☐ sweet
☐ sour
☐ crunchy
☐ delicious
☐ salty
☐ chewy
☐ dry

☐ juicy
☐ fresh
☐ smooth
☐ rough
☐ soft
☐ hard
☐ sticky
☐ heavy
☐ light

☐ dark
☐ bright
☐ spicy
☐ loud
☐ noisy
☐ quiet
☐ deafening

Pre-test Answer 1. c 2. d 3. e 4. a 5. b

hot [hɑːt]	**adj.** 더운, 뜨거운, 열띤, 인기 있는 hot place 인기 있는 장소 hot item 인기 상품 It was hot and humid last night. 어젯밤은 덥고 습기가 많았다.

hot

bitter [ˈbɪt͡.ɚ]	**adj.** 쓴, 쓰라린, 신랄한 Patience is bitter, but its fruit is sweet. 인내는 쓰지만 그 열매는 달다. (Aristotle)

sweet [swiːt]	**adj.** 달콤한, 향기로운, 듣기 좋은 **n.** 사탕 및 초콜릿 류 This biscuit is too sweet. 이 비스킷은 지나치게 달다.

sour [saʊr]	**adj.** 신, 시큼한, (우유가) 상한, 심술궂은 This milk tastes sour. 이 우유는 상했다. The candy tastes sweet and sour. 이 사탕은 달콤새콤하다.

crunchy [ˈkrʌn.tʃi]	**adj.** 아삭아삭한, 바삭바삭한 The vegetable salad was fresh and crunchy. 그 야채 샐러드는 신선하고, 아삭아삭했다.

delicious [dɪˈlɪʃ.əs]	**adj.** 맛있는 This cake is delicious when it is cold. 이 케익은 차가울 때 맛이 있다.

delicious

salty [ˈsɑːl.t͡i]	**adj.** 짠, 짭짤한, 소금기 있는 Seawater is too salty to drink. 바닷물은 마시기에 너무 짜다.

chewy [ˈtʃuː.i]	**adj.** 쫀득쫀득한, 잘 씹히지 않는, 꼭꼭 씹어야 하는 This rice cake is sweet and has a chewy texture. 이 떡은 달콤하고 쫀득쫀득하다.
dry [draɪ]	**adj.** 마른, 건조한, 가뭄 **v.** 마르다, 말리다, 닦다 As my mouth felt dry, I drank a glass of cold water. 나는 입안이 말라, 찬 물을 한 컵 마셨다. You can use this towel to dry your hands. 이 수건으로 손을 닦으세요.
juicy [ˈdʒuː.si]	**adj.** 즙이 많은, 물기가 많은 Oranges are sweet, juicy, and full of vitamin C. 오렌지는 달고, 즙이 많고, 또 비타민 C 가 풍부하다.　　juicy
fresh [freʃ]	**adj.** 신선한, 싱싱한, (기억이) 생생한 You need to eat more fresh vegetables. 당신은 좀 더 많은 신선한 야채를 먹어야 합니다.
smooth [smuːð]	**adj.** 부드러운, 매끈한, 원활한 a smooth talker 말솜씨가 좋은 사람 The surface of the leather feels soft and smooth. 그 가죽의 표면은 부드럽고 매끈하다.
rough [rʌf]	**adj.** 거친, 매끈하지 않은, 힘든 a rough road 거친 도로　 a rough sea 거친 바다 I've had a rough day today. 오늘은 힘든 하루였다.
soft [sɑːft]	**adj.** 부드러운, 연한, 푹신한, 약한 a soft boiled egg 달걀 반숙　 soft drink 탄산 음료 He fell into a deep sleep on the soft bed. 그는 푹신한 침대에서 깊은 잠에 빠졌다.

hard
[hɑːrd]

adj. 단단한, 굳은, 어려운, 힘든
hard decision 힘든 결정   hard evidence 결정적 증거
hard blow 강타
Edward always studies hard.
에드워드는 언제나 열심히 공부한다.
Old habits die hard.
오래된 습관은 고치기 힘들다.

sticky
[ˈstɪk.i]

adj. 끈적거리는, 달라 붙는
The kid's hands were all sticky with caramel.
아이의 손은 온통 캐러멜로 끈적거렸다.

heavy
[ˈhev.i]

adj. 무거운, 심한
The box is too heavy for me to move.
저 상자는 내가 옮기기에는 너무 무겁다.
My uncle is a heavy drinker.
우리 삼촌은 술을 많이 마신다.

heavy

light
[laɪt]

adj. 가벼운, 무겁지 않은, (날이) 밝은 / **n.** 빛, 불, 등
v. (lit, lit) 불을 붙이다, 불을 켜다
I'd like to have something light for lunch.
점심은 간단히 먹으려 합니다.

dark
[dɑːrk]

adj. 어두운, 캄캄한, 짙은
It will be dark soon.
곧 어두워질 것이다.

bright
[braɪt]

adj. 밝은, 빛나는, 눈부신
look at the bright side 낙관하다, 밝은 면을 보다
The sky was clear, and the sun was bright.
하늘은 맑고 태양은 빛났다.

spicy
[ˈspaɪ.si]

adj. 매운, 매콤한, 양념이 들어간
I don't like hot and spicy food.
나는 양념을 많이 든 매운 음식을 좋아하지 않는다.

loud [laʊd]	**adj.** 큰, 시끄러운, 야단스러운 The engine stopped working with a loud noise. 엔진이 큰 소리를 내며 작동을 멈췄다.
noisy [ˈnɔɪ.zi]	**adj.** 떠드는, 떠들썩한, 시끄러운 The city hall square is always noisy and packed with people. 시청 광장은 항상 시끄럽고 사람들로 붐빈다.
quiet [ˈkwaɪ.ət]	**adj.** 조용한, 고요한, 잠잠한 **v.** 조용히 시키다, 진정시키다, 조용해지다 Everyone should be quiet in the library. 도서관에서는 누구나 조용히 해야 한다.
deafening [ˈdef.ən.ɪŋ]	**adj.** 귀청이 터질 듯한, 귀가 먹먹한 The sound of the explosion was deafening. 폭발음 소리에 귀청이 터질 듯했다.

quiet

Check-up Test

1 – 10. 우리말은 영어로 영어는 우리말로 쓰시오.

1. sour	_____	6. 부드러운	_____
2. sweet	_____	7. 짭짤한	_____
3. chewy	_____	8. 즙이 많은	_____
4. smooth	_____	9. 쓰라린	_____
5. delicious	_____	10. 끈적끈적한	_____

11 – 15. 빈칸에 알맞은 단어를 보기에서 찾아 쓰시오.

a) hard   b) heavy   c) light   d) quiet   e) spicy

11. This soup is too _____ for me.

12. The traffic _____ turned green.

13. That is a _____ question to answer.

14. The _____ snow blocked all traffic into the town.

15. Let's find a _____ place where we can talk in private.

16 – 20. 빈칸에 알맞은 단어를 보기에서 찾아 쓰시오.

a) crunchy   b) noisy   c) bright   d) deafening   e) dark

16. Can you please turn the music down? It is _____.

17. You should avoid walking alone on _____ streets at night.

18. As it is too _____ outside, I can't concentrate on my work.

19. The fried chicken was spicy and _____, but not too greasy.

20. You have to wear sunglasses because _____ sunlight can damage your eyes.

21 – 25. 빈칸에 알맞은 단어를 사용하여 문장을 완성하시오 (주관식).

21. One of my neighbors played _____ music all night yesterday.
    내 이웃중의 하나가 어제 밤새 음악을 크게 틀었다.

22. I walked out of the building because I needed some _____ air.
    신선한 공기가 필요해서 나는 건물 밖으로 걸어 나갔다.

23. The weather was _____, and my back was sticky with sweat.
    날씨가 무더워서 등이 땀으로 끈적끈적했다.

24. It was hard to drive since the surface of the road was _____.
    도로면이 거칠어서 운전하기가 힘들었다.

25. Waiting for the test results, Michell was so nervous that her lips felt
    _____.
    시험 결과를 기다리며, 미셸은 긴장해서 입술이 마르는 느낌이었다.

Health & Illness
건강

 중요 어휘 Pre-test

Connect words and meanings.
영어 단어와 우리말 뜻을 바르게 연결하시오.

1. ache   a) 비만
2. bruise   b) 기침
3. cough   c) 아픔
4. obesity   d) 처방하다
5. prescribe   e) 타박상, 멍

 Today's Task

How many words do you know?
오늘 학습할 단어입니다. 알고 있는 단어에 √로 표시하시오.

☐ cold	☐ cancer	☐ obesity
☐ cough	☐ allergy	☐ overweight
☐ flu	☐ injury	☐ nutritious
☐ infection	☐ cure	☐ injection
☐ pain	☐ heal	☐ operation
☐ bruise	☐ prescribe	☐ medication
☐ cut	☐ exercise	☐ painkiller
☐ wound	☐ healthy	
☐ ache	☐ diet	

Pre-test Answer 1. c 2. e 3. b 4. a 5. d

| **cold**
[koʊld] | **adj.** 추운, 차가운, 냉정한 / **n.** 추위, 감기
Put on your coat, or you will catch a cold.
코트를 입어, 아니면 감기에 걸릴 거야. |

| **cough**
[kɑːf] | **n.** 기침 / **v.** 기침하다
dry cough 마른 기침
My fever has gone, but I still have a cough.
나는 열은 내렸지만 기침은 여전히 나온다. |

cough

| **flu**
[fluː] | **n.** 독감, 감기, 인플루엔자
John was in bed with the flu all last week.
존은 지난주 내내 독감으로 누워있었다. |

| **infection**
[ɪnˈfek.ʃən] | **n.** 감염, 전염, 전염병
Frequent hand washing will minimize the risk of infection.
손을 자주 씻는 것은 감염의 위험을 최소화할 것이다. |

| **pain**
[peɪn] | **n.** 아픔, 고통, 통증
She suddenly felt pain in her neck.
그녀는 갑자기 목에 통증을 느꼈다. |

pain

| **bruise**
[bruːz] | **n.** 멍, 상처, 타박상
v. 멍이 생기다, 타박상을 입히다
The boy has a bruise on his arm.
소년은 팔에 타박상을 입었다. |

| **cut**
[kʌt] | **n.** 베인 상처, 자상, 삭감, 인하
v. 자르다, 베다, 깎다, 인하하다, 삭감하다
Jane cut the cake into four pieces.
제인은 케익을 4 조각으로 잘랐다. |

wound [wuːnd]	**n.** 상처, 부상 / **V.** 상처를 입히다 Hundreds of soldiers were killed or wounded in the battle. 그 전투에서 수백 명의 군인들이 사망하거나 부상을 입었다.
ache [eɪk]	**n.** (지속적인) 아픔, 통증 **V.** 아프다, 욱신거리다, 쑤시다 headache 두통 stomachache 복통 muscle ache 근육통 I climbed a mountain yesterday, and now I ache all over. 어제 등산을 했더니 온몸이 쑤신다.
cancer [ˈkæn.sɚ]	**n.** 암, 종양, 암적인 요소, 병폐 Smokers are 30 times more likely to get lung cancer than non-smokers. 흡연자는 비흡연자에 비해 30 배 더 폐암에 걸릴 가능성이 높다.
allergy [ˈæl.ɚ.dʒi]	**n.** 알레르기, 과민 반응 My roommate has an allergy to peanuts. 나의 룸메이트는 땅콩 알레르기가 있다. allergy
injury [ˈɪn.dʒər.i]	**n.** 부상, 상처, 피해 An injury kept him out of the match. 그는 부상으로 인해 경기에 참여하지 못했다.
cure [kjʊr]	**n.** 치유법, 치료법 / **V.** 고치다, 치유하다, 낫게 하다 Scientists are trying to find a cure for cancer for many years. 과학자들은 여러 해 동안 암의 치료책을 발견하기 위해 노력하고 있다.
heal [hiːl]	**V.** 치료하다, 고치다, 낫다, 낫게 하다 A cut like this will heal within a few days. 이런 베인 상처는 며칠 내로 낫는다.

prescribe
[prɪˈskraɪb]

v. 처방하다, 처방전을 내리다
The doctor prescribed me medicine.
의사는 내게 처방전을 내렸다.

exercise
[ˈek.sɚ.saɪz]

n. 운동, 연습, 훈련 / v. 운동하다, 운동을 시키다
The doctor advised John to get exercise every day.
의사는 존에게 매일 운동 할 것을 권했다.

healthy
[ˈhel.θi]

adj. 건강한, 건강에 좋은
A healthy mind in a healthy body.
건강한 신체에 건전한 정신이 깃든다. (속담)
My grandfather is 90 years old and as healthy as one can be.
우리 할아버지는 90세이지만 누구보다 건강하시다.

diet
[ˈdaɪ.ət]

n. 음식, 식습관, 식단, 다이어트
Maria decided to go on a diet to lose some weight.
마리아는 체중을 줄이기 위해 다이어트를 하기로 결심했다.

obesity
[oʊˈbiː.sə.t̬i]

n. 비만, 과체중
obese 비만인, 비대한
Soft drinks can cause obesity and tooth decay.
청량음료는 비만과 치아 손상을 야기시킬 수 있다.

obesity

overweight
[ˌoʊ.vɚˈweɪt]

n. 과체중, 초과중량 (obesity)
adj. 과체중의, 비만의
Nancy is overweight, but not as overweight as her sister.
낸시는 비만이지만 그녀의 언니만큼 비만은 아니다.

nutritious
[nuːˈtrɪʃ.əs]

adj. 영양이 풍부한, 건강에 좋은
nutrient 영양소, 영양분
Brown rice is more nutritious than white rice.
현미는 백미보다 영양이 더 풍부하다.

injection
[ɪnˈdʒek.ʃən]

n. 주사, 주입, 투여

The nurse gave me an injection in my arm.
간호사는 내 팔에 주사를 놓았다.

This injection will relieve your pain and reduce swelling.
이 주사는 당신의 고통을 완화시키고 붓기를 줄여줄 것이다.

operation
[ˌɑː.pəˈreɪ.ʃən]

n. 수술, 작전, 활동

My grandmother has to have an operation next week.
우리 할머니는 다음 주 수술을 받아야 한다.

medication
[ˌmed.əˈkeɪ.ʃən]

n. 약, 약물치료, 투약

Are you taking any medication?
현재 복용하고 있는 약이 있나요?

medication

painkiller
[ˈpeɪnˌkɪl.ɚ]

n. 진통제

The painkiller the doctor gave me isn't having much effect.
의사가 내게 준 진통제는 별로 효과가 없다.

Check-up Test

1 - 10. 우리말은 영어로 영어는 우리말로 쓰시오.

1. flu	_____	6. 치료책	_____
2. ache	_____	7. 상처	_____
3. cough	_____	8. 비만	_____
4. healthy	_____	9. 감염	_____
5. injection	_____	10. 진통제	_____

11 – 15. 빈칸에 알맞은 단어를 보기에서 찾아 쓰시오.

a) cut b) heal c) exercise d) medication e) overweight

11. Mike _____ the apple in half.

12. Mary was _____ when she was a kid.

13. Nothing but time can _____ your broken heart.

14. Warming up will prevent injuries during _____.

15. You may feel drowsy after taking this _____.

16 – 20. 빈칸에 알맞은 단어를 보기에서 찾아 쓰시오.

a) cancer b) injury c) pain d) operation e) prescribe

16. I barely feel the _____ anymore after taking the pills.

17. The doctor will _____ some medicine for your headache.

18. There is a close connection between smoking and lung _____.

19. A minor mistake can lead to serious _____ in a construction site.

20. He was in a coma for nearly a month after having a brain _____.

21 – 25. 빈칸에 알맞은 단어를 사용하여 문장을 완성하시오 (주관식).

21. When you catch a _____, you will have a cough and a little fever.
감기에 걸리면, 기침을 하고 열이 날 것이다.

22. Almonds are highly _____, containing iron, calcium, and vitamin E.
아몬드는 영양이 풍부하며, 철분, 칼슘, 그리고 비타인 E를 함유하고 있다.

23. I had several _____ on my legs after playing football with my friends.
친구들과 축구를 하고 난 후 다리에 여러 군데 멍이 생겼다.

24. Jessica can't eat salmon and tuna because she has a chronic fish _____.
제시카는 만성적인 생선 알레르기 때문에 연어와 참치를 먹지 못한다.

25. You are likely to gain the weight back quickly as soon as your _____ is over.
식이요법이 끝난 직후 다시 체중이 증가할 가능성이 많다.

Part 4

Life

중요 어휘 Pre-test

Connect words and meanings.
영어 단어와 우리말 뜻을 바르게 연결하시오.

1. suit   a) 팔찌
2. bracelet   b) 정장
3. trainers   c) 의류
4. apparel   d) 나비 넥타이
5. bow tie   e) 운동화

Part 4   Life

Today's Task

How many words do you know?
오늘 학습할 단어입니다. 알고 있는 단어에 √로 표시하시오.

☐ apparel ☐ trousers ☐ swimsuit
☐ jeans ☐ suit ☐ raincoat
☐ skirt ☐ garment ☐ scarf
☐ jacket ☐ vest ☐ shawl
☐ sweater ☐ sock ☐ handkerchief
☐ trainers ☐ boot ☐ bracelet
☐ coat ☐ heel ☐ necklace
☐ top ☐ stocking
☐ tank-top ☐ bow tie

Pre-test Answer   1. b   2. a   3. e   4. c   5. d

apparel
[ə'per.əl]

n. 옷, 의류, 의복
The store sells sports apparel.
저 가게는 스포츠 의류를 판다.
My uncle runs an apparel company.
우리 삼촌은 의류회사를 운영하신다.

apparel

jeans
[dʒiːnz]

n. 청바지, 면바지, 데님 천으로 만든 바지
Lora's white shirt goes well with her blue jeans.
로라의 흰 셔츠는 그녀의 청바지와 잘 어울린다.

skirt
[skɜːt]

n. 치마, 스커트
Short skirts and long boots were fashion trends in the 1970s.
1970년 대는 짧은 치마와 긴 부츠가 유행했었다.

jacket
['dʒæk.ɪt]

n. 재킷, 상의, 반코트
As it was cold, he zipped up his leather jacket.
날씨가 추워서, 그는 자신의 가죽 자켓의 지퍼를 올렸다.

sweater
['swet.ɚ]

n. 스웨터
a woolly sweater 털 스웨터
She was wearing a brown sweater.
그녀는 갈색 스웨터를 입고 있었다.

jumper

trainers
['treɪ.nɚz]

n. 운동화 (training shoes, sneakers)
a pair of trainers 운동화 한 켤레
I found a pair of trainers under the table.
나는 테이블 아래 운동화 한 켤레가 있는 것을 발견했다.

coat
[koʊt]

n. 외투, 코트, 긴 웃옷
Jenifer put on her coat and left her office.
제니퍼는 코트를 걸친 후, 그녀의 사무실을 나섰다.

top
[tɑːp]

n. 상의, 윗도리, 맨 위, 꼭대기 / v. 위에 놓다, 위에 얹다
a pizza topped with cheese and ham 치즈와 햄을 얹은 피자
The man was wearing blue jeans and a black hooded top.
그 남자는 청바지와 모자가 달린 검은 색 상의를 입고 있었다.

tank-top
[ˈtæŋk ˌtɑːp]

n. 러닝셔츠, 소매가 없는 상의
A tank top and running shorts can be an ideal choice for jogging.
러닝셔츠와 육상 바지는 조깅을 위한 이상적인 선택이다.

trousers
[ˈtraʊ.zɚz]

n. 바지
I want to buy a pair of black trousers.
나는 검은 색 바지를 한 벌 사려고 합니다.

trousers

suit
[suːt]

n. 정장, 옷 한 벌
You have to wear a suit and a tie for the dinner party.
만찬장에서는 양복과 넥타이를 착용해야 합니다.

garment
[ˈgɑːr.mənt]

n. 의복, 옷, 의류 (apparel)
garment bag 의복 가방, 양복 커버
These garments are made of pure cotton.
이 의류들은 순면으로 만들어졌다.

vest
[vest]

n. 조끼, 셔츠
a bulletproof vest 방탄 조끼   a life vest 구명 조끼
You should wear a life vest when riding a boat.
보트에 타기 전에 구명 조끼를 착용해야 합니다.

sock
[sɑːk]

n. 양말
I saw Tom wearing his socks inside out this morning.
나는 오늘 아침 톰이 양말을 뒤집어 신고 있는 것을 보았다.

boot
[buːt]

n. 목이 긴 신발, 부츠

Wellington boots 장화
My boots are worn out, so I need to buy a new pair.
내 부츠는 다 닳았다. 그래서 새로 한 켤레 사야 한다.

boot

heel
[hiːl]

n. 뒤꿈치, 신발의 굽, 힐

The origins of the heel relate to horse riding.
굽의 기원은 승마와 관련이 있다.

The boy fell head over heels to the ground.
소년은 꺼꾸로 땅에 떨어졌다.

stocking
[ˈstɑː.kɪŋ]

n. 목이 긴 양말, 스타킹

Mary has a run in her stocking.
메리의 스타킹에 올이 나갔다.

bow tie
[ˌboʊ ˈtaɪ]

n. 나비 넥타이

wear a bow tie / tie a bow tie 나비 넥타이를 매다
undo a bow tie / untie a bow tie 나비 넥타이를 풀다
Do you know how to wear a bow tie?
나비 넥타이 매는 법을 아세요?

swimsuit
[ˈswɪm.suːt]

n. 수영복

You have to wear a swimsuit, a swim cap, and goggles in the pool.
수영장에서는 수영복, 수영모, 그리고 물안경을 착용해야 한다.

raincoat
[ˈreɪŋ.koʊt]

n. 비옷, 레인코트

It is raining outside, so you should wear a raincoat.
밖은 비가 오니 비옷을 입어야 합니다.

scarf
[skɑːrf]

n. 목도리, 스카프

My grandmother is knitting a scarf for me.
할머니는 내게 줄 목도리를 짜고 계신다.

shawl [ʃɑːl]	**n.** 어깨걸이, 숄 She is wearing a shawl over her shoulders. 그녀는 어깨에 숄을 걸치고 있다.
handkerchief [ˈhæŋ.kɚ.tʃiːf]	**n.** (천 또는 종이로 만든) 손수건 She took out her handkerchief and wiped her hands with it. 그녀는 자신의 손수건을 꺼내 손을 닦았다.
bracelet [ˈbreɪ.slət]	**n.** 팔찌 Jessie is always wearing a bracelet on her arm. 제시는 언제나 팔에 팔찌를 하고 있다. bracelet
necklace [ˈnek.ləs]	**n.** 목걸이 a pearl necklace 진주 목걸이 Someone broke into her house and stole her diamond necklace. 누군가 그녀의 집에 침입해서 그녀의 다이아몬드 목걸이를 훔쳐갔다.

Check-up Test

1 – 10. 우리말은 영어로 영어는 우리말로 쓰시오.

1. sock	_____	6. 치마	_____
2. jeans	_____	7. 팔찌	_____
3. jacket	_____	8. 스웨터	_____
4. trousers	_____	9. 목이 긴 양말	_____
5. boots	_____	10. 소매 없는 셔츠	_____

11 – 15. 빈칸에 알맞은 단어를 보기에서 찾아 쓰시오.

a) coat b) heels c) top d) handkerchief e) swimsuit

11. She was wearing a low-cut _____ at the party.

12. As it is so cold outside, you need to put on your _____.

13. She wiped the sweat off her face with a _____.

14. Don't forget to bring your _____ when you go to the beach.

15. Monica cannot wear high _____ because she has pain in her ankle.

16 – 20. 빈칸에 알맞은 단어를 보기에서 찾아 쓰시오.

a) necklace b) raincoat c) apparel d) vest e) scarf

16. The soldier was wearing a bulletproof _____ under his jacket.

17. The girl wearing a yellow _____ around her neck is my sister.

18. If you do not put on your _____, you will get wet to the skin.

19. The lady was wearing a black evening dress with a pearl _____.

20. Crocodile skins are used to make bags, boots, jackets, and other _____.

21 – 25. 빈칸에 알맞은 단어를 사용하여 문장을 완성하시오 (주관식).

21. Everyone is expected to wear a _____ for the job interview.
취업 면접을 할 때는 누구나 정장을 입어야 한다.

22. The bridegroom was wearing a _____ with a tuxedo at the wedding.
결혼식에서 신랑은 턱시도와 나비 넥타이를 입고 있었다.

23. If you want to start jogging, you need a proper pair of _____ for that purpose.
조깅을 시작하려면, 그 용도에 맞는 적절한 운동화가 필요하다.

24. These _____ are made for professional athletes and come in a variety of sizes.
이 의류들은 프로 운동 선수들을 위해 만들어졌으며 다양한 크기가 있다.

25. She wears a pair of gloves on her hands and a _____ around her shoulders.
그녀는 장갑을 끼고 어깨걸이를 어깨에 걸치고 있다.

Food & Cooking
음식과 요리

Day 12

Part 4 Life

중요 어휘 Pre-test

Connect words and meanings.
영어 단어와 우리말 뜻을 바르게 연결하시오.

1. bake
2. poultry
3. ingredient
4. appetizer
5. vegetarian

a) 가금, 사육 조류
b) 성분, 요리의 재료
c) 굽다, 구워지다
d) 채식주의자
e) 전채, 입맛을 돋우는 것

Today's Task

How many words do you know?
오늘 학습할 단어입니다. 알고 있는 단어에 √로 표시하시오.

☐ fruit
☐ meat
☐ vegetable
☐ vegetarian
☐ garlic
☐ lettuce
☐ mushroom
☐ onion
☐ cucumber

☐ spinach
☐ poultry
☐ dairy product
☐ seafood
☐ appetizer
☐ recipe
☐ ingredient
☐ dessert
☐ tasty

☐ flavor
☐ bake
☐ roast
☐ boil
☐ fast food
☐ eat out
☐ cuisine

Pre-test Answer   1. c   2. a   3. b   4. e   5. d

fruit
[fruːt]

n. 과일, 열매, 결과

Grapes are my favorite fruit.
포도는 내가 좋아하는 과일이다.
Your hard work will bear fruit
someday.
당신의 근면함은 언젠가 결실을 맺을 것
이다.

fruit

meat
[miːt]

n. 고기, 육류

This meat is undercooked.
이 고기는 덜 익었다.

vegetable
[ˈvedʒ.tə.bəl]

n. 식물, 야채, 채소

Eating fresh fruits and vegetables helps you
stay healthy.
신선한 과일과 야채를 먹는 것은 당신의 건강을 유지하게
해준다.

vegetarian
[ˌvedʒ.əˈter.i.ən]

n. 채식주의자

Jacob is a vegetarian, so he does not eat meat.
제이콥은 채식주의자이다. 그래서 고기는 먹지 않는다.

garlic
[ˈgɑːr.lɪk]

n. 마늘

a clove of garlic 마늘 한 쪽
Garlic is an incredibly nutritious
plant.
마늘은 매우 영양가가 높은 식물이다.

garlic

lettuce
[ˈlet̬.ɪs]

n. 상추

I planted lettuce seeds in the garden.
나는 정원에 상추 씨를 심었다.

mushroom
[ˈmʌʃ.rʊm]

n. 버섯

She grows tomato, mushroom, and pumpkin in
her garden.
그녀는 자신의 정원에 토마토, 버섯, 그리고 호박을 기른다.

onion
[ˈʌn.jən]

n. 양파

spring onion 파
I hate chopping onions because they make me cry.
나는 눈물이 나기 때문에 양파 써는 것을 싫어한다.

cucumber
[ˈkjuː.kʌm.bɚ]

n. 오이

Cucumbers contain important vitamins and minerals.
오이는 중요한 비타민들과 미네랄을 함유하고 있다.

cucumber

spinach
[ˈspɪn.ɪtʃ]

n. 시금치

Spinach plants are very hardy and cope well with cold winter weather.
시금치 식물은 추위에 강해서 추운 겨울에도 잘 견딘다.

poultry
[ˈpoʊl.tri]

n. 가금, 사육 조류

poultry farm 양계장
Vegetarians are people who do not eat meat or poultry.
채식주의자는 육류나 가금류를 먹지 않는 사람들이다.

dairy product
[ˈder.i ˈprɑː.dʌkt]

n. 유제품

Mary seldom eats cheese and other dairy products.
메리는 치즈나 다른 유제품을 거의 먹지 않는다.

dairy product

seafood
[ˈsiː.fuːd]

n. 해산물, 조개류와 갑각류

Most restaurants in this area specialize in seafood dishes.
이 지역의 대부분의 식당들은 해산물 요리를 전문으로 한다.

appetizer
[ˈæp.ə.taɪ.zɚ]

n. 전채, 에피타이저, 식욕을 돋우는 것 (↔ dessert 후식)

I ordered a shrimp salad as an appetizer.
나는 애피타이저로 새우 샐러드를 주문했다.

recipe
[ˈres.ə.pi]

n. 조리법, 요리법, 레시피, 비결
the recipe calls for … 조리법은 … 을 필요로 한다
The recipe says that we can use sugar instead of honey.
요리법에는 꿀 대신 설탕을 사용해도 된다고 쓰여 있어요.

ingredient
[ɪnˈɡriː.di.ənt]

n. (요리 등의) 재료, 성분
Sugar is the main ingredient of candy floss.
설탕은 솜사탕의 주 원료이다.

dessert
[dɪˈzɜːt]

n. 후식, 디저트
I will have vanilla ice cream for dessert.
후식은 바닐라 아이스 크림을 주세요.

dessert

tasty
[ˈteɪ.sti]

adj. 맛있는, 먹음직스러운
Fruits in season are tasty and good for health as well.
제철 과일은 맛있고 건강에도 좋다.

flavor
[ˈfleɪ.vɚ]

n. 맛, 풍미, 운치
Strawberry is one of the most popular ice cream flavors.
딸기는 가장 인기 있는 아이스크림 맛 중의 하나이다.

bake
[beɪk]

v. 굽다, 구워지다
baking hot 몹시 뜨거운 bakery 빵집 baker 제빵사
My grandmother is baking an apple pie for me.
할머니께서 나를 위해 사과 파이를 굽고 계신다.

roast
[roʊst]

v. (고기나 견과류 등을) 굽다, 볶다, 구워지다
adj. 구운
roast beef 쇠고기 구이 roast chestnuts 군밤
A turkey is roasting nicely in the oven.
칠면조가 오븐에서 잘 익어가고 있다.

boil	n. 삶다, 끓이다, 데치다
[bɔɪl]	a half-boiled egg 반숙한 달걀 (hard-boiled 완숙한, 완숙으로 삶은)
	Water boils at 100 degrees Celsius.
	물은 섭씨 100 도에서 끓는다.
	Chicken can be fried, roasted, or boiled.
	닭고기는 튀기거나, 굽거나, 또는 삶을 수 있다.

fast food	n. 패스트푸드, 즉석 요리 (junk food)
[ˌfæst ˈfuːd]	Fast food is usually high in fat and calories.
	패스트푸드는 대개 지방과 칼로리가 많다.
	Matthew works part-time at a fast food restaurant.
	매튜는 패스트푸드점에서 아르바이트를 한다.

Part 4 Life

eat out	v. 외식하다
[iːt aʊt]	My family usually eats out at least once or twice a week.
	우리 가족은 대개 일주일에 한 두 번은 외식을 한다.

cuisine	n. 요리, 음식, 요리법
[kwɪˈziːn]	This restaurant serves traditional Italian cuisine.
	이 식당은 전통적인 이태리 음식을 제공한다.

Check-up Test

1 – 10. 우리말은 영어로 영어는 우리말로 쓰시오.

1. garlic	_____	6. 과일	_____
2. lettuce	_____	7. 해산물	_____
3. spinach	_____	8. 채식주의자	_____
4. cucumber	_____	9. 버섯	_____
5. vegetable	_____	10. 유제품	_____

11 – 15. 빈칸에 알맞은 단어를 보기에서 찾아 쓰시오.

> a) bake   b) roast   c) eat out   d) onion   e) boil

11. Garlic belongs to the _____ family.

12. You need to _____ water to make it safe to drink.

13. My mother taught me how to _____ a chocolate cake.

14. We are going to _____ at the restaurant on Christmas Eve.

15. They served _____ beef with mashed potatoes as a main meal.

16 – 20. 빈칸에 알맞은 단어를 보기에서 찾아 쓰시오.

> a) tasty   b) meat   c) flavor   d) recipe   e) cuisine

16. The _____ calls for two spoons of sugar.

17. The tea she served had a strong lemon _____.

18. This restaurant specializes in authentic French _____.

19. If you want to lose weight, reduce your _____ consumption.

20. The foods in the restaurant are cheap, _____, and served fast.

21 – 25. 빈칸에 알맞은 단어를 사용하여 문장을 완성하시오 (주관식).

21. Chili powder is an essential _____ in making Kimchi.
고추가루는 김치를 만드는 중요한 재료이다.

22. Cheesecake is one of the most popular _____ in the world.
치즈 케익은 세계에서 가장 인기있는 후식들 중의 하나이다.

23. The outbreak of bird flu has devastated the country's _____
industry. (* outbreak 발발, 발생 devastate 파괴하다, 충격을 주다)
조류 독감의 발생은 국내 가금 산업에 충격을 주었다.

24. An _____ is a small dish of food or a drink, served before the
main meal.
전채는 주 요리 전에 제공되는 적은 양의 음식 또는 음료를 의미한다.

25. _____ is a popular choice for students because it is quick,
convenient, and cheap.
즉석식품은 빠르고, 편리하고, 가격이 싸기 때문에 학생들에게 인기가 있다.

House
주거

중요 어휘 Pre-test

Connect words and meanings.
영어 단어와 우리말 뜻을 바르게 연결하시오.

1. attic
2. ceiling
3. porch
4. wardrobe
5. basement

a) 현관
b) 옷장
c) 천장
d) 지하실
e) 다락방

Part 4 Life

Today's Task

How many words do you know?
오늘 학습할 단어입니다. 알고 있는 단어에 √로 표시하시오.

- ☐ hall
- ☐ hallway
- ☐ lounge
- ☐ bedroom
- ☐ living room
- ☐ bathroom
- ☐ dining room
- ☐ kitchen
- ☐ toilet

- ☐ garage
- ☐ attic
- ☐ cellar
- ☐ basement
- ☐ downstairs
- ☐ upstairs
- ☐ porch
- ☐ patio
- ☐ balcony

- ☐ cottage
- ☐ bungalow
- ☐ ceiling
- ☐ fireplace
- ☐ cupboard
- ☐ pantry
- ☐ wardrobe

Pre-test Answer   1. e 2. c 3. a 4. b 5. d

hall
[hɑːl]

n. 건물 안쪽의 현관, 복도, 홀, 넓은 방

I left my umbrella in the hall of the building.
나는 건물 입구에 우산을 두고 왔다.

The hall can hold up to two hundred people.
그 홀은 200 명까지 수용할 수 있다.

hallway
[ˈhɑːl.weɪ]

n. 복도, 통로

There is a long hallway in the building.
그 건물에는 긴 복도가 있다.

lounge
[laʊndʒ]

n. 라운지, 대합실, 휴게실

The hotel has a large sky lounge on the top floor.
그 호텔에는 꼭대기 층에 넓은 스카이 라운지가 있다.

lounge

bedroom
[ˈbed.rʊm]

n. 침실, 방

There are five bedrooms upstairs.
위층에는 침실이 다섯 개 있습니다.

James had to share a bedroom with his brother for a while.
제임스는 한동안 그의 형과 침실을 함께 사용해야 했다.

living room
[ˈlɪv.ɪŋ ˌruːm]

n. 거실

My brother was sleeping on the couch in the living room.
내 동생은 거실 소파에서 잠을 자고 있었다.

bathroom
[ˈbæθ.rʊm]

n. 욕실, 화장실

Don't forget to lock the bathroom door.
욕실 문 잠그는 것 잊지 마세요.

bathroom

dining room
[ˈdaɪ.nɪŋ ˌruːm]

n. 식당, 식당 방

The house has a spacious dining room.
그 집에는 넓은 식당이 있다.

kitchen
[ˈkɪtʃ.ən]

n. 부엌, 주방

There is no space for another fridge in the kitchen.
부엌에는 냉장고를 하나 더 놓을 공간이 없다.

toilet
[ˈtɔɪ.lət]

n. 화장실, 변기

toilet paper 화장실 휴지
The toilet is clogged again. Can you unclog it?
화장실이 또 막혔어요. 뚫을 수 있을까요?

garage
[gəˈrɑːʒ]

n. 차고, 주차장, 정비소

My car is in the garage.
내 차는 차고 안에 있다.
I always keep my bike in my garage.
나는 자전거를 항상 차고에 둔다.

garage

attic
[ˈæt̬.ɪk]

n. 다락, 다락방

I found an old picture in the attic.
나는 다락에서 옛날 사진을 한 장 발견했다.

cellar
[ˈsel.ɚ]

n. 지하실, 저장실

wine cellar (지하의) 포도주 저장실
If you go to the cellar, you will find some more wines.
지하실에 가면 와인이 더 있을 거야.

basement
[ˈbeɪs.mənt]

n. 지하실, 지하

He has a wine cellar in his basement.
그는 지하실에 포도주 저장실을 가지고 있다.
John discovered a wooden box in his basement.
존은 그의 지하실에서 나무 상자를 하나 발견했다.

downstairs
[ˌdaʊnˈsterz]

adv. 아래층에서, 아래층으로

A man is waiting for you downstairs.
한 남자가 아래층에서 당신을 기다리고 있어요.

Part 4 Life

upstairs
[ʌpˈsterz]

adv. 위층으로, 위층에서
The bathroom is upstairs.
욕실은 위층에 있습니다.
The bike belongs to the girl who lives upstairs.
저 자전거는 위층에 사는 여자아이 것이다.

porch
[pɔːrtʃ]

n. 현관, 문간 (지붕과 벽이 있는)
He was sitting on the porch reading the newspaper.
그는 현관에 앉아서 신문을 읽고 있었다.

patio
[ˈpætˌi.oʊ]

n. 집 뒤쪽에 있는 테라스, 정원 발코니, 파티오
A large parasol provides shade in the patio area.
큰 파라솔이 옥외 테라스에 그늘을 제공해준다.

balcony
[ˈbæl.kə.ni]

n. 발코니
a room with a balcony 발코니가 달린 방
She sat in a chair on the balcony while drinking her coffee.
그녀는 발코니의 의자에 앉아 커피를 마셨다.

cottage
[ˈkɑː.tˌɪdʒ]

n. 오두막, 별장, 시골의 작은 집
My uncle invited us to his summer cottage.
삼촌은 우리를 자신의 여름 별장으로 초대했다.

cottage

bungalow
[ˈbʌŋ.gəl.oʊ]

n. 단층집
We are looking for a bungalow with at least three bedrooms.
우리는 최소 침실이 3 개인 단층집을 찾고 있다.

ceiling
[ˈsiː.lɪŋ]

n. 천장, 최고 한도
I saw a lizard walking on the ceiling this morning.
나는 오늘 아침 도마뱀 한 마리가 천장을 기어가는 것을 보았다.

fireplace
[ˈfaɪr.pleɪs]

n. 벽난로
Why don't you come inside and warm yourself by the fireplace?
안으로 들어와서 벽난로에 몸을 녹이세요.

cupboard
[ˈkʌb.ərd]

n. 찬장, 벽장
When I came home, she was putting plates into the cupboard.
내가 집에 왔을 때, 그녀는 접시를 찬장에 넣고 있었다.

pantry
[ˈpæn.tri]

n. 창고, 식료품 저장실
You have to store honey in the pantry instead of the fridge.
꿀은 냉장고 대신 식품 저장실에 보관해야 한다.

wardrobe
[ˈwɔːr.droʊb]

n. 옷장
a fitted wardrobe   a built–in wardrobe 붙박이 옷장
The room has a built-in wardrobe that has plenty of storage space.
그 방에는 수납 공간이 넓은 붙박이 장이 있다.

wardrobe

Check-up Test

1 – 10. 우리말은 영어로 영어는 우리말로 쓰시오.

1. hall	_____	6. 다락방	_____
2. toilet	_____	7. 위층으로	_____
3. kitchen	_____	8. 아래층으로	_____
4. bungalow	_____	9. 지하실	_____
5. living room	_____	10. 찬장, 벽장	_____

11 – 15. 빈칸에 알맞은 단어를 보기에서 찾아 쓰시오.

a) hallway   b) fireplace   c) lounge   d) bathroom   e) dining room

11. I will wait for you in the hotel _____.

12. Dinner will be served in the _____.

13. Mr. Brown's office is at the end of the _____.

14. When Tom was shaving in the _____, his phone rang.

15. It is still cold here. Let's put some more logs in the _____.

16 – 20. 빈칸에 알맞은 단어를 보기에서 찾아 쓰시오.

a) patio   b) pantry   c) porch   d) garage   e) wardrobe

16. A woman walked to the _____ and rang the bell.

17. Jane selected a pink dress from her _____ for the party.

18. The _____ is spacious and can accommodate up to five cars.

19. A _____ is a small room, located near the kitchen to store foods.

20. Since it's warm and sunny today, how about having lunch on the _____?

21 – 25. 빈칸에 알맞은 단어를 사용하여 문장을 완성하시오 (주관식).

21. At a glance, the _____ looked as if no one were living in it.
한 눈에 그 오두막은 아무도 살고 있지 않는 곳처럼 보였다.

22. Trying not to make a noise, I tiptoed to my _____.
소리를 내지 않으려 애쓰며, 나는 발끝으로 걸어서 나의 침실로 갔다.

23. At midnight I walked out to the _____, searching for fresh air.
자정에 나는 신선한 공기를 찾아서 발코니로 나갔다.

24. He went down into the _____ and came back with a bottle of wine.
그는 지하실로 내려가서 와인 한 병을 가지고 돌아왔다.

25. When Matilda looked up at the _____, a big spider was crawling on it.
마틸다가 천정을 바라보니, 큰 거미 한 마리가 천정 위로 걸어가고 있었다.

Part 5

Education & Science

School & Studies
학교와 학업

중요 어휘 Pre-test

Connect words and meanings.
영어 단어와 우리말 뜻을 바르게 연결하시오.

1. lecture   a) 교육
2. education   b) 유치원
3. graduate   c) 기숙사
4. dormitory   d) 강의, 강연
5. kindergarten   e) 졸업하다

Today's Task

How many words do you know?
오늘 학습할 단어입니다. 알고 있는 단어에 √로 표시하시오.

- ☐ education
- ☐ school subject
- ☐ school year
- ☐ school uniform
- ☐ kindergarten
- ☐ preschool
- ☐ university
- ☐ college

- ☐ elementary school
- ☐ postgraduate
- ☐ graduate
- ☐ course
- ☐ attend
- ☐ attendance
- ☐ private lesson
- ☐ exam

- ☐ term
- ☐ midterm
- ☐ major
- ☐ curriculum
- ☐ lecture
- ☐ degree
- ☐ campus
- ☐ academic
- ☐ dormitory

Pre-test Answer 1. d 2. a 3. e 4. c 5. b

education
[ˌedʒ.əˈkeɪ.ʃən]

n. 교육, 훈련

Education is the best provision for old age.
교육은 최고의 노후 대책이다. (Aristotle)

school subject
[skuːl ˈsʌb.dʒekt]

n. 교과, 학과목

History was my favorite school subject.
역사는 내가 좋아하는 과목이었다.

school year
[skuːl jɪr]

n. 학년

A new school year begins in September in the United States.
미국에서 새 학년은 9 월에 시작한다.

school uniform
[skuːl ˈjuː.nə.fɔːrm]

n. 교복

The boys I met in the park were wearing school uniforms.
내가 공원에서 만났던 소년들은 교복을 입고 있었다.

school uniform

kindergarten
[ˈkɪn.dɚˌgɑːr.tən]

n. 유치원

Margaret has played the piano since she was in kindergarten.
마가렛은 유치원 다닐 때부터 피아노를 쳤다.

preschool
[ˈpriː.skuːl]

n. 유아원 (nursery school)

Children in preschool are between the age of 2 to 4 years old.
유아원의 아이들은 나이가 2 세에서 4 세 사이이다.

university
[ˌjuː.nəˈvɜː.sə.t̬i]

n. 대학, 종합 대학

state university 주립대학
private university 사립대학
Mary wants to study art at a university.
메리는 대학에서 미술을 공부하기를 원한다.

university

Part 5 Education & Science

college [ˈkɑː.lɪdʒ]	n. 대학, 단과 대학 Roy is studying biology in college. 로이는 대학에서 생물학을 공부하고 있다.
elementary school [ˌel.əˈmen.t̬ɚ.i]	n. 초등학교 My mother is an elementary school teacher. 어머니는 초등학교 선생님이다.  <div align="center">elementary school</div>
postgraduate [ˌpoʊstˈgrædʒ.u.ət]	n. 대학원생 undergraduate 학부생, 대학생 She is a postgraduate student at Yale University. 그녀는 예일 대학 대학원생이다.
graduate [ˈgrædʒ.u.ət]	v. 졸업하다, 학위를 받다 n. 졸업생 graduate school 대학원 He is a graduate of the University of York. 그는 요크 대학 졸업생이다. <div align="center">graduate</div>
course [kɔːrs]	n. 강의, 과목, 과정 a postgraduate course 대학원 과정 Muhamad is doing a postgraduate course in philosophy. 무하마드는 대학원에서 철학을 공부한다.
attend [əˈtend]	v. 참석하다, 다니다 James has to attend summer school. 제임스는 여름 학교에 참가해야 한다 (여름 학기 수업을 들어야 한다).
attendance [əˈten.dəns]	n. 출석, 참석 be in attendance 참석하다 (attend) We are looking forward to your attendance. 우리는 귀하가 참석할 것을 기대하고 있습니다.

private lesson
[ˈpraɪ.vət ˈles.ən]

n. 과외, 개인 교습

I am thinking of taking private lessons to improve my English.

나는 영어를 향상시키기 위해 개인 교습을 받을까 생각 중이다.

exam
[ɪɡˈzæm]

n. 시험 (examination)

take an exam 시험을 치다   fail (pass) an exam 시험에 떨어지다 (합격하다)

If you don't want to fail your exams, work harder.

시험에 떨어지기를 원치 않으면, 더 열심히 공부하라.

exam

term
[tɝːm]

n. 학기 (semester*)

You should take exams twice in each term.

매 학기 마다 두 번씩 시험을 쳐야 한다.

Please hand in your term paper by Friday next week.

다음주 금요일까지 학기말 리포트를 제출하시오.

midterm
[ˈmɪd.tɝːm]

adj. 학기 중간의

a midterm exam 중간고사

The midterm results are a lot better than I expected.

중간고사 결과는 내가 예상했던 것보다 훨씬 더 좋다.

major
[ˈmeɪ.dʒɚ]

n. 전공 / v. 전공하다 / adv. 주요한, 중대한

Margaret majored in chemistry at Oxford.

마가렛은 옥스포드에서 화학을 전공했다.

curriculum
[kəˈrɪk.jə.ləm]

n. 교과과정, 교육과정, 커리큘럼(pl. curricula 또는 curriculums)

Like math, swimming is mandatory in the elementary school curriculum.

수학과 마찬가지로, 수영은 초등 교육 과정의 필수과목이다.

* term vs. semester: 두 단어 모두 학기라는 뜻으로 차이 없이 사용되기도 한다. 그러나 일 년을 둘로 나눈 학기는 semester이고 셋 또는 넷으로 나누는 학기는 term으로 표현한다. (semester 는 어원상 6 개월이란 의미)

lecture [ˈlek.tʃɚ]	**n.** 강의, 강연 When I arrived, the lecture had already begun. 내가 도착했을 때, 강의는 이미 시작되었다.
degree [dɪˈgriː]	**n.** 학위, 등급 first degree 학사 학위 Jenny obtained a master's degree at Tokyo University last year. 제니는 지난 해 도쿄 대학에서 석사학위를 취득했다.
campus [ˈkæm.pəs]	**n.** 대학, 대학 교정, 캠퍼스 How far is it from the residence hall to the main campus? 기숙사에서 대학 주 캠퍼스까지는 거리가 얼마나 됩니까?
academic [ˌæk.əˈdem.ɪk]	**n.** 학문의, 학교의, 학업의 The new academic year starts next week. 다음 주에는 새 학년이 시작된다.
dormitory [ˈdɔːr.mə.tɔːr.i]	**n.** 기숙사, 공동 숙소 (residence hall) The university dormitory is not far from the main campus. 대학 기숙사는 주 캠퍼스에서 멀지 않다.

Check-up Test

1 – 10. 우리말은 영어로 영어는 우리말로 쓰시오.

1. course	_____	6. 학기	_____
2. midterm	_____	7. 교육	_____
3. university	_____	8. 참석	_____
4. school year	_____	9. 유아원	_____
5. private lesson	_____	10. 유치원	_____

11 – 15. 빈칸에 알맞은 단어를 보기에서 찾아 쓰시오.

a) degree b) exam c) major d) school subject e) lecture

11. Linda's favorite _____ is music.

12. Anna wants to _____ in computer science.

13. Edward has a doctor's _____ in psychology.

14. His _____ was very long, but no one felt bored.

15. Daniel is smart, so I'm sure he'll pass the next _____.

16 – 20. 빈칸에 알맞은 단어를 보기에서 찾아 쓰시오.

a) college b) campus c) attend d) graduate e) postgraduate

16. Jon has a _____ degree in psychology.

17. I am going to _____ the biology class this afternoon.

18. The main library is located at the center of the _____.

19. Mike wants to be a plumber, so he doesn't need to go to _____.

20. What do you want to do after you _____ from high school?

21 – 25. 빈칸에 알맞은 단어를 사용하여 문장을 완성하시오 (주관식).

21. History is a compulsory subject in the school's _____.
역사는 그 학교 교육과정의 필수 과목이다.

22. This program is to improve children's _____ performance.
이 프로그램은 어린이들의 학업 성취도를 향상시키기 위한 것이다.

23. All students should wear school _____ during school time.
모든 학생들은 학교 시간 중에 교복을 입어야 한다.

24. This math question is a little difficult for _____ school children.
이 수학 문제는 초등학교 아이들에게는 다소 어렵다.

25. Our _____ is located very close to the main university campus.
우리 기숙사는 대학의 주 캠퍼스와 매우 가까이 위치해 있다.

Part 5 Education & Science

Science & Technology
과학과 기술

중요 어휘 Pre-test

Connect words and meanings.
영어 단어와 우리말 뜻을 바르게 연결하시오.

1. tide
2. gene
3. botany
4. gravity
5. astronomy

a) 중력
b) 천문학
c) 유전자
d) 밀물과 썰물
e) 식물학

Today's Task

How many words do you know?
오늘 학습할 단어입니다. 알고 있는 단어에 √로 표시하시오.

☐ scientist
☐ biology
☐ physics
☐ chemistry
☐ medicine
☐ anatomy
☐ botany
☐ genetics
☐ gene

☐ geology
☐ astronomy
☐ logic
☐ substance
☐ atomic
☐ cell
☐ molecule
☐ bacteria
☐ virus

☐ microscope
☐ thermometer
☐ gravity
☐ magnet
☐ tide
☐ orbit
☐ satellite

Pre-test Answer   1. d   2. c   3. e   4. a   5. b

scientist
['saɪən.tɪst]

n. 학자, 과학자, 연구원

Stephen Hawking was a scientist with an international reputation.

스티븐 호킹은 국제적인 명성을 가진 과학자였다.

biology
[baɪˈɑː.lə.dʒi]

n. 생물학

My uncle teaches biology in high school.

우리 삼촌은 고등학교에서 생물을 가르친다.

biology

physics
['fɪz.ɪks]

n. 물리학

I am interested in physics and will be a physicist in the future.

나는 물리학에 관심이 있으며 미래에 물리학자가 될 것이다.

chemistry
['kem.ə.stri]

n. 화학, 화학 반응, (사람 사이의) 끌리는 감정

One of my friends is studying chemistry at Harvard.

나의 친구 중 한 명은 하버드에서 화학을 공부하고 있다.

medicine
['med.ɪ.sən]

n. 의학, 의술, 약

Albert decided to study medicine at age 29.

알버트는 29 세에 의학을 공부하기로 결심했다.

Take this medicine. It will make you feel better.

이 약을 복용하세요. 그러면 훨씬 나아질 것입니다.

anatomy
[əˈnæt̬.ə.mi]

n. 해부학, 해부, 구조

In anatomy class, we study the structure of living organisms.

해부학 시간에, 우리는 생물의 구조를 배운다.

botany
['bɑː.t̬ən.i]

n. 식물, 식물학

botanist 식물학자

Tom is interested in plants and wants to study botany in college.

톰은 식물에 관심이 있으며 대학에서 식물학을 공부하기를 원한다.

genetics
[dʒəˈnetˌɪks]

n. 유전학, 유전적 특징
Dr. Kim is an expert in genetics.
김박사는 유전학의 권위자이다.

gene
[dʒiːn]

n. 유전자
Your genes determine your hair, skin, and eye colors.
유전자는 머리카락, 피부, 그리고 눈의 색깔을 결정한다.

gene

geology
[dʒiˈɑː.lə.dʒi]

n. 지질학
marine geology 해양 지질학
I took a geology course in my first year of college.
나는 대학 1 학년 때 지질학 수업을 들었다.

astronomy
[əˈstrɑː.nə.mi]

n. 천문학
cf. astrology 점성술
Astronomy is a science dealing with the stars and planets.
천문학은 별과 행성을 다루는 과학이다.

astronomy

logic
[ˈlɑː.dʒɪk]

n. 논리, 논리학, 타당성
There is a fatal flaw in his logic.
그의 논리에는 치명적인 결점이 있다.

substance
[ˈsʌb.stəns]

n. 물질, 실체, 본질
Carbon monoxide is a poisonous substance.
일산화탄소는 유독 물질이다.

atomic
[əˈtɑː.mɪk]

adj. 원자의, 원자력의, 핵무기의
atomic energy 원자 에너지, 원자력   atomic bomb 원자폭탄
We are living in the era of atomic energy.
우리는 원자력 시대에 살고 있다.

cell [sel]	**n.** 세포 nerve cell 신경 세포 stem cell 줄기 세포 The human body contains billions of cells. 인간의 신체에는 수십억 개의 세포가 들어 있다.
molecule [ˈmɑː.lɪ.kjuːl]	**n.** 분자 A molecule is made up of two or more atoms joined together. 분자는 두 개 이상의 원자들이 결합하여 만들어진다.
bacteria [bækˈtɪr.i.ə]	**n.** 박테리아, 세균 (bacterium – bacteria의 단수형) Low temperatures can slow down the growth of bacteria. 낮은 온도는 박테리아의 성장을 늦출 수 있다.
virus [ˈvaɪ.rəs]	**n.** (질병) 바이러스 viral 바이러스성의, 바이러스에 의한 You are infected by a virus. 귀하는 바이러스에 감염되었습니다. virus
microscope [ˈmaɪ.krə.skoʊp]	**n.** 현미경 ↔ telescope 망원경 This microscope can magnify an object by 250 times. 이 현미경은 물체를 250 배 확대시킬 수 있다.
thermometer [θɚˈmɑː.mə.t̬ɚ]	**n.** 온도계, 체온계 The thermometer points to five degrees below zero. 온도계가 영하 5 도를 가리키고 있다. thermometer
gravity [ˈɡræv.ə.t̬i]	**n.** 중력, 만유인력 Newton discovered the law of gravity. 뉴턴은 만유인력의 법칙을 발견했다.

Part 5 Education & Science

magnet
[ˈmæg.nət]

n. 자석, 자력
Many children like playing with magnets.
많은 아이들이 자석을 가지고 놀기를 좋아한다.

tide
[taɪd]

n. 조수, 조류, 밀물과 썰물
low tide 썰물, 간조   high tide 밀물, 만조
tidal force 조석력 (해수면 높이의 차이를 일으키는 힘)
You can walk to the island via a causeway at low tide.
썰물에는 둑길을 걸어서 섬까지 갈 수 있다. * causeway 둑길

orbit
[ˈɔːr.bɪt]

n. 궤도, 영향권
v. 궤도를 돌다
go into orbit 궤도에 오르다, 일이 잘 풀리다
It takes 365 days for the earth to orbit the sun.
지구가 태양의 궤도를 도는데 365 일 걸린다.

satellite
[ˈsæt̬.əl.aɪt]

n. 위성, 인공 위성
The moon is a natural satellite that orbits earth.
달은 지구의 궤도를 도는 천연 위성이다.

Check-up Test

1 – 10. 우리말은 영어로 영어는 우리말로 쓰시오.

1. physics	_____	6. 조수 (밀물과 썰물)	_____
2. biology	_____	7. 원자의	_____
3. scientist	_____	8. 세균	_____
4. geology	_____	9. 위성	_____
5. chemistry	_____	10. 물질	_____

11 – 15. 빈칸에 알맞은 단어를 보기에서 찾아 쓰시오.

a) cells b) logic c) gravity d) genetics e) magnet

11. I can't follow your _____.

12. We cannot see _____ with the naked eye.

13. A _____ is an object that attracts iron.

14. The moon's _____ causes tides on earth.

15. Body shapes and obesity can be determined by _____.

16 – 20. 빈칸에 알맞은 단어를 보기에서 찾아 쓰시오.

a) orbit b) medicine c) molecule d) microscope e) thermometer

16. The satellite is going into _____ as planned.

17. We can see bacteria with the help of a _____.

18. A _____ is a device that measures temperature.

19. Hippocrates is known as the father of modern _____.

20. A water _____ consists of two hydrogen atoms and an oxygen atom.

21 – 25. 빈칸에 알맞은 단어를 사용하여 문장을 완성하시오 (주관식).

21. _____, as a field of biology, deals with the study of plants.
식물학은 생물학의 한 분야로서 식물의 연구를 다룬다.

22. _____ is a branch of science studying the structure of living things.
해부학은 생물의 구조를 연구하는 과학의 한 분야이다.

23. Certain diseases may be genetic and be passed down through a _____.
어떤 질병은 유전적이며 유전자에 의해 전해질 수 있다.

24. The flu _____ can spread from person to person during talking and breathing.
독감 바이러스는 대화나 호흡을 통해 사람에서 사람으로 전해질 수 있다.

25. _____ is one of the oldest sciences that can date back nearly 5000 years ago.
천문학은 거의5000 년 전으로 거슬러 올라 갈 수 있는 가장 오래된 과학중의 하나이다.

Part 5 Education & Science

Part 6

Transportation & Leisure

Transportation
교통

중요 어휘 Pre-test

Connect words and meanings.
영어 단어와 우리말 뜻을 바르게 연결하시오.

1. aisle
2. subway
3. commute
4. pedestrian
5. public transport

a) 보행자
b) 복도, 통로
c) 지하철
d) 대중교통
e) 통근하다

Today's Task

How many words do you know?
오늘 학습할 단어입니다. 알고 있는 단어에 √로 표시하시오.

☐ train
☐ taxi (cab)
☐ plane
☐ ship
☐ tram
☐ bicycle
☐ motorbike
☐ subway
☐ railway

☐ commute
☐ traffic
☐ crowded
☐ rush hour
☐ pedestrian
☐ pedestrian crossing
☐ bus stop
☐ public transport

☐ drive-through
☐ expressway
☐ airport
☐ flight
☐ gate
☐ luggage
☐ board
☐ aisle

Part 6 Transportation & Leisure

Pre-test Answer　1. b　2. c　3. e　4. a　5. d

train
[treɪn]

n. 기차, 열차
If you don't hurry, you will miss the train.
서두르지 않으면, 기차를 놓칠 것이다.

taxi
[ˈtæk.si]
cab
[kæb]

n. 택시 (taxicab)
call a taxi / call a cab 택시를 부르다
Since it is raining heavily, we have to take a taxi.
비가 많이 오기 때문에, 택시를 타야 합니다.

plane
[pleɪn]

n. 비행기 (airplane)
adj. 평면인, 평평한
board a plane 비행기에 탑승하다
We went to Paris by plane.
우리는 비행편으로 파리에 갔다.

plane

ship
[ʃɪp]

n. 선박, 배
v. 수송하다, 운송하다, 실어 나르다 (배 또는 다른 운송수단으로)
A large ship is approaching the harbor.
큰 배 한 척이 항구로 접근하고 있다.

ship

tram
[træm]

n. 전차
You can either take a tram or bus to get to the town center.
시내까지는 전차나 버스를 타고 갈 수 있습니다.

bicycle
[ˈbaɪ.sə.kəl]

n. 자전거
tricycle 세발자전거
My bicycle has a flat tire.
내 자전거에 펑크가 났다.

bicycle

motorbike
[ˈmoʊ.t̬ɚ.baɪk]

n. 오토바이, 모터 바이크
ride a motorbike 오토바이를 타다
When you ride a motorbike, you have to wear a helmet at all times.
오토바이를 탈 때, 항상 헬멧을 착용해야 한다.

subway [ˈsʌb.weɪ] **underground** [ˌʌn.dəˈɡraʊnd]	**n.** 지하철, 지하도 the New York subway 뉴욕 지하철 the London underground 런던 지하철 I always take the subway to school. 나는 항상 지하철을 타고 학교에 간다.

subway
underground

railway [ˈreɪl.weɪ]	**n.** 철로, 철길 railway station 기차역 Can you tell me where the railway station is? 기차역이 어디 있는지 알려 주시겠어요?
commute [kəˈmjuːt]	**n.** 통근 / **v.** 통근하다, 출퇴근하다 commuter 통근하는 사람 He commutes to Washington by train. 그는 워싱턴까지 기차로 통근한다.
traffic [ˈtræf.ɪk]	**n.** 교통, 차량, 운행 traffic jam 교통 체증 traffic accident 교통 사고 We are going to take a detour to avoid the heavy traffic. 교통 혼잡을 피하기 위해 우회로를 선택하겠습니다. * take a detour 우회하다
crowded [ˈkraʊ.dɪd]	**n.** 사람들이 많은, 붐비는, 혼잡한, 가득 찬 The subway is crowded with commuters every morning. 지하철은 매일 아침 출퇴근하는 사람들로 가득 찬다.
rush hour [ˈrʌʃ ˌaʊr]	**n.** 러시 아워, 혼잡한 시간대 There is a traffic jam during rush hour. 출퇴근 시간대에는 교통이 혼잡하다.
pedestrian [pəˈdes.tri.ən]	**n.** 보행자 / **adj.** 보행자의, 보행자용의 You can neither drive nor park in the pedestrian zone. 보행자 구역에서는 차를 운전하거나 주차할 수 없다.

Part 6 Transportation & Leisure

pedestrian crossing
[pəˌdes.tri.ən ˈkrɑː.sɪŋ]

n. 횡단보도 (zebra crossing)
A man was hit by a truck at the pedestrian crossing this morning.
오늘 아침 한 남자가 횡단보도에서 트럭에 치였다.

bus stop
[ˈbʌs ˌstɑːp]

n. 버스 정류소
The nearest bus stop is two blocks away.
가장 가까운 버스 정류소는 두 블록 떨어져 있다.

public transport
[ˌpʌb.lɪk ˈtræn.spɔːrt]

n. 대중 교통, 공공 교통 수단
The majority of people still use public transport to commute.
대다수의 사람들이 출퇴근을 위해 여전히 대중 교통을 이용하고 있다.

drive-through
[ˈdraɪv.θruː]

n. 드라이브스루, 자동차에 탄 채 이용하는 상점 (패스트푸드 또는 커피점)
adj. 드라이브스루의, 차에 탄 채 이용할 수 있는
Not all McDonald's have drive-through services.
모든 맥도날드 상점이 드라이브스루 서비스를 제공하는 것은 아니다.

expressway
[ɪkˈspres.weɪ]

n. 고속도로
expressway tolls 고속도로 통행료
an expressway service station 고속도로 휴게소
Keep driving along the expressway until you find an exit.
출구가 나올 때까지 고속도로를 따라 운전하세요.

airport
[ˈer.pɔːrt]

n. 공항
The plane landed at the airport on time.
비행기는 제 시간에 공항에 착륙했다.

flight
[flaɪt]

n. 비행, 비행기, 항공편
flight attendant 승무원
What time does the flight from London arrive?
런던에서 오는 비행기는 몇 시에 도착하나요?

gate [geɪt]	**n.** 문, 출입구, 입구, (공항의) 탑승구 You have to arrive at the gate 20 minutes before departure time. 출발 시간 20 분 전에 탑승구에 도착해야 합니다.
luggage [ˈlʌg.ɪdʒ]	**n.** 짐, 수하물 Passengers are allowed to carry up to 10 kg of hand luggage. 승객들은 휴대용 수하물을 10kg까지 들고 갈 수 있게 허용된다.
board [bɔːrd]	**v.** 탑승하다 The flight for Amsterdam is now boarding at Gate fifteen. 암스테르담행 비행기는 지금 15 번 탑승구에서 탑승합니다.
aisle [aɪl]	**n.** 통로, 복도 an aisle seat 통로 쪽 좌석 Would you prefer a window or an aisle seat? 창가와 통로 중 어느 쪽에 앉으시겠습니까?

aisle

Check-up Test

1 - 10. 우리말은 영어로 영어는 우리말로 쓰시오.

1. cab	_____	6. 기차	_____
2. tram	_____	7. 철길	_____
3. plane	_____	8. 혼잡한	_____
4. bicycle	_____	9. 버스 정류소	_____
5. motorbike	_____	10. 고속도로	_____

11 – 15. 빈칸에 알맞은 단어를 보기에서 찾아 쓰시오.

a) board b) ship c) crossing d) flight e) rush hour

11. We have to _____ this parcel today.

12. The _____ is scheduled to take off at 3 p.m.

13. I saw a group of people waiting to _____ the plane.

14. I left early in the morning to avoid the _____ traffic.

15. You have to use the pedestrian _____ to cross the road.

16 – 20. 빈칸에 알맞은 단어를 보기에서 찾아 쓰시오.

a) aisle b) traffic c) pedestrians d) commute e) drive-through

16. A landslide blocked _____, so we had to take a detour.

17. Thousands of people _____ to work every day in this city.

18. The Starbucks coffee shop near here has a _____ window.

19. All the window seats are full, but there are a few _____ seats available.

20. A couple of _____ were waiting for the traffic light to change green.

21 – 25. 빈칸에 알맞은 단어를 사용하여 문장을 완성하시오 (주관식).

21. A tall man was standing by the _____ with his arms folded.
키가 큰 한 남자가 입구에서 팔짱을 끼고 서있었다.

22. He lives in a suburb and commutes to the city by _____ every day.
그는 교외에서 살며 매일 지하철로 시내까지 통근을 한다.

23. The plane couldn't take off from the _____ on time because of heavy snow.
비행기는 폭설로 인해 제 시간에 공항을 이륙하지 못했다.

24. Passengers can carry two pieces of _____ with a combined weight of 30kg.
승객들은 합친 무게가 30 kg인 수하물 2 개를 가져갈 수 있다.

25. A lot of people leave their cars at home and use _____ to commute.
많은 사람들이 승용차를 집에 두고 대중교통을 이용해서 통근한다.

Day 17

Traveling
여행

중요 어휘 Pre-test

Connect words and meanings.
영어 단어와 우리말 뜻을 바르게 연결하시오.

1. take off
2. check in
3. voyage
4. sightseeing
5. destination

a) 항해
b) 목적지
c) 이륙하다
d) 탑승 수속
e) 관광

Today's Task

How many words do you know?
오늘 학습할 단어입니다. 알고 있는 단어에 √로 표시하시오.

☐ travel
☐ arrive
☐ depart
☐ delay
☐ cancel
☐ take off
☐ land
☐ check in
☐ terminal

☐ baggage allowance
☐ boarding gate
☐ single ticket
☐ passenger
☐ journey
☐ destination
☐ tourist
☐ map

☐ suitcase
☐ excursion
☐ sightseeing
☐ guide
☐ roam
☐ cruise
☐ ferry
☐ voyage

Pre-test Answer 1. c 2. d 3. a 4. e 5. b

travel
[ˈtræv.əl]

v. 여행하다, 이동하다
n. 여행, 이동, 출장
travel agent 여행사
I want to travel all over the world.
나는 전 세계를 여행하고 싶다.

travel

arrive
[əˈraɪv]

v. 도착하다, 도달하다
arrival 도착
His flight is scheduled to arrive in Hanover at 7:00 a.m.
그가 탄 비행기는 오전 7 시에 하노버에 도착할 예정이다.

depart
[dɪˈpɑːrt]

v. 떠나다, 출발하다
departure 출발
The plane will depart from Heathrow at 9:30 p.m.
비행기는 오후 9:30 분에 히드로 공항을 출발할 것이다.

delay
[dɪˈleɪ]

v. 미루다, 연기하다
The train was delayed for two hours because of the snow.
눈 때문에 기차가 두 시간 연착했다.

cancel
[ˈkæn.səl]

v. 취소하다, 철회하다
Something urgent came up, so I have to cancel my appointment.
급한 일이 생겨, 약속을 취소해야 합니다.

take off
[teɪk ɑːf]

v. 이륙하다, 날아 오르다
The passenger plane is taking off from the airport.
여객기는 공항에서 이륙하고 있다.

take off

land
[lænd]

v. 내려앉다, 착륙하다
His plane landed at the airport an hour ago.
그가 탄 비행기는 한 시간 전에 공항에 착륙했다.

check in [tʃek ɪn]	**v.** 탑승 또는 투숙 수속을 밟다, 체크인하다, (공항에서 짐을) 부치다 **n.** (비행기의) 탑승수속, (호텔의) 숙박절차 You have to check in two hours before the flight. 비행 두 시간 전에 탑승 수속을 밟아야 합니다.
terminal [ˈtɜː.mə.nəl]	**n.** 공항 터미널, 기차 종착역, 버스 종점 The airport will open its second terminal next year. 그 공항은 내년에 두 번째 공항 터미널을 개장할 것이다.
baggage allowance [ˈbæg.ɪdʒ əˈlaʊ.əns]	**n.** 수하물 중량 제한, 수하물 제한 무게 Our flights have a baggage allowance of 23kg per passenger. 우리 항공사의 수하물 제한 중량은 승객 당 23 kg입니다.
boarding gate [ˈbɔːr.dɪŋ geɪt]	**n.** 탑승구, 탑승 게이트 Your boarding ticket will show you where your boarding gate is. 탑승권에는 탑승 게이트가 어딘지 기록되어 있습니다.
single ticket [ˈsɪŋ.gəl ˈtɪk.ɪt]	**n.** 편도 승차권 (one way ticket) return ticket 왕복 승차권 (round ticket) How much do you charge for a single ticket to London? 런던까지 편도 승차권 요금은 얼마인가요?
passenger [ˈpæs.ən.dʒɚ]	**n.** 승객, 탑승객 Most of the passengers on the plane are sleeping. 비행기에 탑승한 승객들의 대부분은 잠을 자고 있다. passenger
journey [ˈdʒɜː.ni]	**n.** 여행, 여정, 항해 Everyone was exhausted from the long journey. 긴 여행으로 모두가 지쳤다.

destination
[ˌdes.təˈneɪ.ʃən]

n. 목적지, 도착지, 여행지, 목표
The destination of our trip is Sidney in Australia.
우리의 여행 목적지는 호주의 시드니이다.

tourist
[ˈtʊr.ɪst]

n. 관광객
a tourist attraction 관광 명소
Mount Fuji is one of the most popular tourist destinations in Japan.
후지산은 일본에서 가장 인기 있는 관광지 중의 하나이다.

map
[mæp]

n. 지도, 약도 / v. 지도를 그리다
Can you show me where we are on the map?
지도상에 우리가 위치하고 있는 곳을 알려주세요.

map

suitcase
[ˈsuːt.keɪs]

n. 여행가방
pack a suitcase 짐을 싸다
Would you keep an eye on my suitcase while I buy some drinks?
음료수를 사오는 동안 내 가방을 좀 봐 주시겠습니까?

excursion
[ɪkˈskɝː.ʃən]

n. 짧은 여행, 소풍, 견학
We are going on a school excursion on Wednesday.
우리는 수요일에 수학여행을 갑니다.

sightseeing
[ˈsaɪtˌsiː.ɪŋ]

n. 관광, 유람
We went on a sightseeing trip to Amsterdam last summer.
우리는 지난 여름 암스테르담으로 관광 여행을 갔었다.

guide
[gaɪd]

n. 안내, 안내인, 안내서, 관광 가이드 / v. 안내하다, 인도하다
Michael is working as a tour guide in LA.
마이클은 LA에서 관광 안내원으로 일하고 있다.

guide

roam [roʊm]	**v.** 돌아다니다, 배회하다, 방랑하다
	internet roaming service 인터넷 중계 서비스
	There are a lot of tourists roaming around the streets on weekends.
	주말에는 거리를 돌아다니는 많은 관광객들이 있다.

cruise [kruːz]	**n.** 유람선, 유람선 여행, 크루즈
	v. 나아가다, 순항하다
	cruising altitude (항공기의) 순항 고도
	The cruise ship will go to three different cities in seven days.
	유람선은 일주일 동안 3 개 도시를 방문할 것이다.

ferry [ˈfer.i]	**n.** 여객선, 연락선, 페리　**v.** 수송하다, 나르다
	The ferry runs between Dover and Calais 15 times a day.
	그 여객선은 도버에서 칼레를 하루에 15회씩 운행한다.

voyage [ˈvɔɪ.ɪdʒ]	**n.** 항해, 긴 여행　**v.** 항해하다, 여행하다
	maiden voyage 첫 항해, 처녀 항해
	The Titanic sank during her first voyage.
	타이타닉 호는 첫 항해에서 가라 앉았다.

1 – 10. 우리말은 영어로 영어는 우리말로 쓰시오.

1. land	_____	6. 지도	_____
2. arrive	_____	7. 배회하다	_____
3. depart	_____	8. 관광	_____
4. guide	_____	9. 탑승 게이트	_____
5. terminal	_____	10. 제한 중량	_____

11 – 15. 빈칸에 알맞은 단어를 보기에서 찾아 쓰시오.

a) cancel b) excursion c) travel d) suitcase e) single ticket

11. Light _____s faster than sound.

12. I decided to _____ the hotel reservation.

13. I saw a woman carrying a heavy _____.

14. I want to buy a _____ to Madrid, Spain.

15. We had to cancel our _____ because of rain.

16 – 20. 빈칸에 알맞은 단어를 보기에서 찾아 쓰시오.

a) check in b) take off c) delayed d) destination e) voyage

16. The _____ to Mars takes around seven months.

17. The bus was _____ for two hours by heavy traffic.

18. The plane couldn't _____ on time due to thick fog.

19. You have to _____ at least two hours before departure time.

20. You have to start early in the morning to arrive at your _____ before dark.

21 – 25. 빈칸에 알맞은 단어를 사용하여 문장을 완성하시오 (주관식).

21. A _____ of a thousand miles begins with a single step.
천 마일의 여행도 한 걸음에서 시작한다. (속담: 천리길도 한 걸음부터)

22. This aircraft is capable of accommodating 250 _____ at a time.
이 항공기는 한 번에 250 명의 승객을 태울 수 있습니다.

23. Hawaii is a popular resort, and over 9 million _____ come to the island each year.
하와이는 인기있는 휴양지이며, 매년 9 백 만명 이상의 관광객들이 이 섬을 찾습니다.

24. Half of the visitors came from _____ ships moored at the nearby port.
방문객들의 절반은 근처 항구에 정박한 유람선을 타고 온 사람들이었다. * moor 정박하다

25. The _____ will take an hour and thirty minutes to cross the English Channel.
이 여객선은 영국 해협을 운항하는데 한 시간 30 분이 걸립니다.

Shopping
쇼핑

중요 어휘 Pre-test

Connect words and meanings.
영어 단어와 우리말 뜻을 바르게 연결하시오.

1. queue
2. refund
3. purchase
4. drugstore
5. exchange

a) 약국
b) 열, 대열
c) 교환하다
d) 환불하다
e) 구매하다

Today's Task

How many words do you know?
오늘 학습할 단어입니다. 알고 있는 단어에 √로 표시하시오.

☐ convenience store
☐ department store
☐ street vendor
☐ shopping center
☐ drugstore
☐ flea market
☐ estate agent

☐ credit card
☐ debit card
☐ purchase
☐ customer
☐ window shopping
☐ stationery
☐ sales assistant
☐ clearance sale

☐ discount
☐ bargain
☐ queue
☐ till
☐ delivery
☐ exchange
☐ receipt
☐ refund
☐ afford
☐ expiry date

Part 6 Transportation & Leisure

Pre-test Answer 1. b 2. d 3. e 4. a 5. c

convenience store

[kən'viː.ni.əns ˌstɔːr]

n. 편의점

This convenience store opens twenty-four hours a day.
이 편의점은 하루 24 시간 영업합니다.

convenience store

department store

[dɪ'pɑːrt.mənt ˌstɔːr]

n. 백화점

I will go to the department store to do some shopping this afternoon.
나는 오늘 오후 쇼핑을 하러 백화점에 갈 것이다.

street vendor

[striːt .'ven.də]

n. 노점상, 가두 판매소, 거리 행상인

Street vendors here sell postcards and souvenirs to tourists.
이곳의 노점상들은 관광객들에게 우편 엽서나 기념품을 판매한다.

shopping center

['ʃɑː.pɪŋ ˌsen.t̬ə]

n. 상가, 쇼핑 센터 (shopping mall)

A new shopping mall will open in the city center next month.
다음 달 시내에 새 쇼핑몰이 개장을 할 것이다.

drugstore

['drʌg .stɔːr]

n. 약국 (pharmacy)

You can buy a painkiller at the drugstore.
약국에서 진통제를 살 수 있다.

drugstore

flea market

['fliː ˌmɑːr.kɪt]

n. 벼룩시장

yard sale 마당 세일 (개인 주택의 마당)   garage sale 차고 세일 (개인 차고)

I bought this table at a flea market.
나는 이 탁자를 벼룩시장에서 구입했다.

estate agent

[ɪ'steɪt ˌeɪ.dʒənt]

n. 부동산 중개인

real estate 부동산

The estate agent will come to take pictures of the house.
부동산 중개인이 집의 사진을 찍기 위해 올 것이다.

credit card
['kred.ɪt ˌkɑːrd]

n. 신용카드
Can I use a credit card for payment here?
여기서 신용카드로 지불해도 되나요?

debit card
['deb.ɪt ˌkɑːrd]

n. 현금카드, 직불카드
Tommy lost his debit card on the subway this morning.
토미는 오늘 아침 지하철에서 현금카드를 분실했다.

purchase
['pɜː.tʃəs]

n. 구입, 구매
v. 구입하다, 매입하다
I am going to purchase a new car next month.
나는 다음 달에 새 차를 구입하려고 합니다.

purchase

customer
['kʌs.tə.mɚ]

n. 손님, 고객, 소비자
This store is always crowded with customers.
이 상점은 언제나 손님들로 붐빈다.

window shopping
['wɪn.doʊ ˌʃɑː.pɪŋ]

n. 윈도 쇼핑, 아이 쇼핑 (물건을 사지 않고 구경만 하며 다니는 행위)
Jessica often goes to the shopping mall just for window shopping.
제시카는 종종 윈도 쇼핑을 하기 위해 쇼핑몰에 간다.

stationery
['steɪ.ʃə.ner.i]

n. 문구, 문방구
You can purchase stationery and greetings cards at the post office.
우체국에서 문구류와 카드를 구입할 수 있다.

sales assistant
[seɪlz .əˈsɪs.tənt]

n. 점원, 판매원
Mary works as a sales assistant in the department store.
메리는 백화점에서 점원으로 일한다.

clearance sale
[ˈklɪr.əns .seɪl]

n. 창고 정리 판매, 재고 정리 판매
I bought this camera for 50 dollars at a clearance sale.
나는 이 카메라를 창고 정리 세일에서 50 달러에 샀다.

discount
[ˈdɪs.kaʊnt]

n. 할인, 디스카운트　v. 할인하다, 할인 가격으로 팔다
get a discount 할인을 받다　offer a discount 할인을 제공하다
Students can receive a 10% discount on all items in this store.
학생들은 이 상점의 모든 품목에 대해 10% 할인을 받을 수 있다.

bargain
[ˈbɑːr.gɪn]

n. 헐값, 싼 물건, 흥정, 거래 / v. 흥정하다, 합의하다
at a bargain 염가로
Every item in the store is for sale at a bargain price.
이 상점의 모든 품목은 할인 가격에 판매 중입니다.

queue
[kjuː]

n. 줄, 대기 행렬 / v. 줄을 서다, 줄을 서서 기다리다
People are standing in the queue for hours to get tickets.
사람들이 티켓을 사기 위해 몇 시간 동안 줄을 서서 기다리고 있다.

till
[tɪl]

n. 상점의 계산대, 은행 창구, 현금 서랍
Shoppers are standing at the till to pay their bills.
쇼핑객들이 결제를 하기 위해 계산대 앞에 서있다.

till

delivery
[dɪˈlɪv.ə.i]

n. 배달, 배송, 인도
special delivery 속달
Delivery charges are included in the price.
가격에는 배송요금이 포함되어 있습니다.

exchange
[ɪksˈtʃeɪndʒ]

n. 교환, 나눔, 맞바꿈　v. 교환하다, 주고 받다, 바꾸다
Can I exchange this shirt for a larger size?
이 셔츠를 더 큰 사이즈로 바꿀 수 있나요?

receipt [rɪˈsiːt]	**n.** 영수증, 수령증 be in receipt of … 을 받다, 수령하다 You have to retain the receipt since it is your proof of purchase. 영수증은 구입 증거이므로 보관해야 합니다.
refund [ˈriː.fʌnd] [ˌriːˈfʌnd]	**n.** 환불, 환급 **v.** 환불하다, 환급하다 Can I get a refund on this item? 이 물품에 대해 환불을 받을 수 있을까요?  refund
afford [əˈfɔːrd]	**v.** … 할 여유가 있다, 형편이 되다 I can afford to buy such a large house. 나는 그런 큰 집을 살 여유가 있다.
expiry date [ɪkˈspaɪr.i deɪt]	**n.** 식품의 유효기간, 계약서, 카드 등의 만료 기간 (ex-piration date) best before date / use by date (식품의) 유효일 Don't eat any food after its expiry date has passed. 유통 기한이 지난 음식을 먹지 마세요.

Check-up Test

1 – 10. 우리말은 영어로 영어는 우리말로 쓰시오.

1. till	_____	6. 문구, 문방구	_____
2. customer	_____	7. 점원	_____
3. debit card	_____	8. 창고 정리 판매	_____
4. street vendor	_____	9. 백화점	_____
5. convenience store	_____	10. 구경, 눈 쇼핑	_____

Part 6 Transportation & Leisure

11 – 15. 빈칸에 알맞은 단어를 보기에서 찾아 쓰시오.

a) delivery   b) purchase   c) bargain   d) discount   e) credit card

11. Can I get a _____ If I pay in cash?

12. Some retailers may charge you to use a _____.

13. This voucher is valid for one year after its _____.

14. You have to send the document by special _____.

15. The store sells sports goods at a _____ price for a limited time.

16 – 20. 빈칸에 알맞은 단어를 보기에서 찾아 쓰시오.

a) expiry dates   b) drugstore   c) exchange   d) shopping center   e) flea market

16. Where can I _____ Korean won for U.S. dollars?

17. Credit card _____ are typically three to five years.

18. I bought an old glass jar at a _____ last Saturday.

19. I need to buy some aspirin. Is there a _____ nearby?

20. The Mall of America is the largest _____ in the United States.

21 – 25. 빈칸에 알맞은 단어를 사용하여 문장을 완성하시오 (주관식).

21. Keep the _____ in the event you need to exchange your purchase.
구매 물품의 교환이 필요한 경우를 대비해서 영수증을 보관하세요.

22. A long _____ of customers was moving toward the till in the store.
고객들의 긴 행렬이 상점의 계산대를 향해 움직이고 있었다.

23. I can _____ neither the time nor the money to travel around the world.
나는 세계일주 여행을 할 시간이나 경제적 여유가 없다.

24. If you want a full _____, you must return the item unopened and unused.
전액 환불을 원하신다면, 물품을 개봉이나 사용을 하지 않고 반송을 해야 합니다.

25. The _____ is trying to find a buyer who can move in as soon as possible.
부동산 중개인은 가능한 빨리 이사 들어올 수 있는 구매자를 찾고 있습니다.

Sports & Hobbies
운동과 취미

중요 어휘 Pre-test

Connect words and meanings.
영어 단어와 우리말 뜻을 바르게 연결하시오.

1. judge
2. contest
3. athlete
4. defend
5. opponent

a) 대회
b) 심판
c) 적, 상대
d) 운동 선수
e) 방어하다

Today's Task

How many words do you know?
오늘 학습할 단어입니다. 알고 있는 단어에 √로 표시하시오.

☐ amateur
☐ professional
☐ fitness
☐ gym
☐ jog
☐ basketball
☐ hockey
☐ baseball
☐ volleyball

☐ football
☐ athlete
☐ compete
☐ contest
☐ beat
☐ defeat
☐ tie
☐ defend
☐ draw

☐ performance
☐ opponent
☐ stadium
☐ arena
☐ judge
☐ spectator
☐ fan

Part 6 Transportation & Leisure

Pre-test Answer   1. b   2. a   3. d   4. e   5. c

amateur
[ˈæm.ə.tʃɚ]

n. 비전문가, 아마추어
adj. 취미로 하는, 비전문적인
He is an amateur photographer.
그는 아마추어 사진작가이다.

professional
[prəˈfeʃ.ən.əl]

n. 전문가, 직업 선수
adj. 직업의, 전문적인, 프로의
He wants to be a professional golfer.
그는 프로 골프 선수가 되기를 원한다.

fitness
[ˈfɪt.nəs]

n. 건강, 운동, 신체 단련
fit 맞다, 적합하다
Regular exercise will improve your fitness and stamina.
규칙적인 운동은 당신의 건강과 체력을 증진시킬 것이다.

gym
[dʒɪm]

n. 헬스클럽, 체육관 (gymnasium / fitness center)
I am going to sign up for the gym next week.
나는 다음 주 헬스클럽에 등록할 것이다.

jog
[dʒɑːg]

v. 조깅하다, 뛰다
jogging 조깅, 달리기
I jog three times a week in the park near my house.
나는 집 근처의 공원에서 일주일에 세 번 조깅을 한다.

jog

basketball
[ˈbæs.kət.bɑːl]

n. 농구, 농구공
Michael is a professional basketball player.
마이클은 프로 농구 선수이다.

hockey
[ˈhɑː.ki]

n. 하키
ice hockey 아이스 하키   field hockey 필드 하키
Ice hockey is not a popular sport in Korea.
아이스 하키는 한국에서 인기있는 스포츠가 아니다.

hockey

baseball
['beɪs.bɑːl]

n. 야구, 야구공
He used to play baseball with his friends in the park after school.
그는 방과 후 친구들과 공원에서 야구를 하곤 했다.

volleyball
['vɑː.li.bɑːl]

n. 배구
beach volleyball 비치발리볼
Tom was a volleyball player in high school.
톰은 고교 시절 배구 선수였다.

volleyball

football
['fʊt.bɑːl]

n. 축구 (soccer), 미식 축구 (American football)
He is one of the best football players in the European league.
그는 유럽 리그에서 최고의 축구 선수들 중의 한 사람이다.

athlete
['æθ.liːt]

n. 운동 선수, 육상 선수
athletics 육상 경기
Female athletes are competing in the 110-meter hurdles.
여성 육상 선수들이 110 미터 허들 경기에 참가하고 있다.

compete
[kəm'piːt]

v. 겨루다, 경쟁하다, 참가하다
competition 경쟁
You have to compete against top-level athletes from each country.
너는 각 나라에서 온 최고 수준의 선수들과 경쟁을 해야 한다.

contest
['kɑːn.test]
[kən'test]

n. 대회, 시합 / v. 경쟁하다, 다투다
The singing contest is open to everyone.
그 노래 경연 대회는 누구나 참가할 수 있다.

beat
[biːt]

v. (beat, beaten) 이기다, 능가하다; 치다, 때리다, (심장이) 고동치다
The home team beat the away team with a score of 3 to 2.
홈팀이 원정팀을 3 대 2로 물리쳤다.

defeat
[dɪˈfiːt]

n. 패배, 타도 / v. 패배 시키다, 이기다, 물리치다
admit defeat 패배를 인정하다
We defeated our opponents in the final match.
우리는 결승전에서 우리의 상대를 물리쳤다.

tie
[taɪ]

n. 동점, 무승부 (draw) / v. 비기다, 동점을 이루다
The football match between Germany and England ended in a tie.
독일과 영국의 축구 경기는 동점으로 끝났다.

defend
[dɪˈfend]

v. 방어하다, 지키다, 보호하다
The soldiers fought to the death to defend our country.
군인들은 우리 나라를 지키기 위해 목숨을 바쳐 싸웠다.

defend

draw
[drɑː]

n. 무승부, 비기기 / v. 비기다
The best result we can expect in the next game is a draw.
다음 경기에서 우리가 기대할 수 있는 최상의 결과는 무승부이다.

performance
[pɚˈfɔːr.məns]

n. 실행, 수행, 성과, 공연, 연주
His performance was outstanding in the last two matches.
지난 두 경기에서의 그의 활약은 탁월했다.

performance

opponent
[əˈpoʊ.nənt]

n. 적, 상대, 경쟁자
He led his opponent by 3 points.
그는 상대를 3점 차로 리드하고 있었다.

stadium
[ˈsteɪ.di.əm]

n. 경기장, 스타디움
a domed stadium 돔 구장
The event is taking place at the main stadium.
행사는 주 경기장에서 열릴 것이다.

arena [əˈriː.nə]	**n.** 경기장, 공연장, 무대 Arthur Ashe Stadium is the world's largest tennis arena. 아더 애쉬 스타디움은 세계에서 가장 큰 테니스 경기장이다.
judge [dʒʌdʒ]	**n.** 심판, 심사위원 (umpire), (법원의) 판사 **v.** 판단하다, 판정하다, 판결하다 There are three judges in a professional boxing match. 프로 복싱 경기에는 세 명의 심판이 있다.
spectator [spekˈteɪ.t̬ɚ]	**n.** 관중, 관객, 구경꾼 This stadium can hold around 100,000 spectators. 이 경기장은 10 만 관중을 수용할 수 있다.
fan [fæn]	**n.** 지지자, 애호가, 팬; 선풍기, 부채 Messi's performance today was not up to his fans' expectations. 메시의 오늘 활약은 그의 팬들의 기대에 미치지 못했다.

Check-up Test

1 - 10. 우리말은 영어로 영어는 우리말로 쓰시오.

1. tie	_____	6. 건강, 운동	_____
2. hockey	_____	7. 축구	_____
3. baseball	_____	8. 겨루다, 경쟁하다	_____
4. volleyball	_____	9. 취미의, 취미로 하는	_____
5. basketball	_____	10. 직업적인, 전문적인	_____

11 – 15. 빈칸에 알맞은 단어를 보기에서 찾아 쓰시오.

a) gym   b) judge   c) draw   d) defend   e) jogging

11. The game ended in a 0 - 0 _____.

12. I work out in the _____ twice a week.

13. Bees _____ themselves by stinging.

14. _____ every day will make you keep fit.

15. You should not _____ people by how they look.

16 – 20. 빈칸에 알맞은 단어를 보기에서 찾아 쓰시오.

a) fan   b) arena   c) contest   d) beat   e) defeat

16. Julia wants to participate in a cooking _____.

17. We need to stick together to _____ our opponent.

18. An international football match will be held in the _____.

19. Germany never _____ed Italy in the World Cup games.

20. John likes playing baseball and is a _____ of the Texas Rangers.

21 – 25. 빈칸에 알맞은 단어를 사용하여 문장을 완성하시오 (주관식).

21. There is no greater danger than underestimating your _____.
적을 과소평가하는 것 보다 더 큰 위험은 없다. (격언)

22. The match had already started by the time I arrived at the _____.
내가 경기장에 도착했을 때는 경기는 이미 시작했었다.

23. Diana contributed to the team's victory with her excellent _____.
다이아나는 뛰어난 활약으로 팀의 승리에 기여했다.

24. More than 50,000 _____ filled the stadium to watch the final.
5 만이 넘는 관중들이 결승전을 보기 위해 경기장을 채웠다.

25. To become a top _____, you need to be not only very talented but also work hard.
최고의 선수가 되기 위해서, 당신은 재능이 있어야 할 뿐만 아니라 열심히 노력해야 한다.

Part 7

Nature, Energy & Environment

Weather
날씨

 중요 어휘 Pre-test

Connect words and meanings.
영어 단어와 우리말 뜻을 바르게 연결하시오.

1. humid
2. drought
3. overcast
4. scorching
5. avalanche

a) 가뭄
b) 뜨거운, 더운
c) 습한, 눅눅한
d) 산사태, 눈사태
e) 흐린, 구름이 덮인

Today's Task

How many words do you know?
오늘 학습할 단어입니다. 알고 있는 단어에 √로 표시하시오.

☐ forecast
☐ clear
☐ sunny
☐ overcast
☐ humid
☐ rainy
☐ chilly
☐ mild
☐ windy

☐ scorching
☐ freezing
☐ fog
☐ frost
☐ drought
☐ shower
☐ flood
☐ rainbow
☐ snowy

☐ sunburn
☐ breeze
☐ thunder
☐ storm
☐ tornado
☐ avalanche
☐ UV ray

Pre-test Answer   1. c   2. a   3. e   4. b   5. d

forecast	**n.** 예측, 예상, 예보
[ˈfɔːr.kæst]	**v.** 전망하다, 예측하다, 예보하다
	The weather forecast says it will snow next week.
	일기 예보는 다음 주 눈이 올 것이라고 한다.

clear	**adj.** 밝은, 맑은, 청명한; 분명한
[klɪr]	**v.** 깨끗이 하다, 정리하다, 치우다
	The sky is clear without a speck of cloud today.
	오늘은 하늘이 맑고 구름 한 점 없다.

sunny	**adj.** 맑은, 화창한, 햇살이 비치는
[ˈsʌn.i]	Tomorrow will be warm and sunny with occasional showers.
	내일은 따뜻하고 맑으며 가끔씩 소나기가 올 것입니다.

sunny

overcast	**adj.** 흐린, 우중충한, 구름이 덮인 (cloudy)
[ˈoʊ.vɚ.kæst]	The overcast sky is expected to clear by noon.
	구름 낀 하늘은 정오에는 맑아질 것으로 예상됩니다.

humid	**adj.** 습한, 습기가 많은, 눅눅한
[ˈhjuː.mɪd]	It will be hot and humid throughout the week.
	일주일 내내 무덥고 습기가 많은 날씨가 될 것입니다.

rainy	**adj.** 비가 오는
[ˈreɪ.ni]	a rainy season 장마철
	The rainy season in the United Kingdom starts in September.
	영국의 장마철은 9 월에 시작된다.

rainy

chilly	**adj.** 쌀쌀한, 추운, 냉랭한
[ˈtʃɪl.i]	Spring has come, but it is still chilly in the morning and at night.
	봄이 왔지만, 아침과 저녁은 아직 춥습니다.

mild
[maɪld]

adj. 온화한, 포근한; 순한, 부드러운
We are expecting to have a mild winter this year.
올해는 포근한 겨울이 될 것으로 예상됩니다.

windy
['wɪn.di], ['waɪndi]

adj. 바람이 부는, 꼬불꼬불한
It is cold and windy today.
오늘은 춥고 바람이 많이 분다.

windy

scorching
['skɔːr.tʃɪŋ]

adj. 뜨거운, 타는 듯한, 매우 더운
It was scorching hot yesterday.
어제는 매우 더웠다.
Julia unfolded her parasol to protect herself
from the scorching sun.
줄리아는 뜨거운 태양을 피하기 위해 양산을 폈다.

freezing
['friː.zɪŋ]

adj. 몹시 추운, 영하의
freezing point 빙점, 섭씨 0 도
It is freezing cold today.
오늘은 너무 추워.

freezing

fog
[faːg]

n. 안개, 연기, 혼란
v. 안개가 끼다, 수증기가 끼다, 혼란스럽게 하다
dense fog / thick fog / heavy fog 짙은 안개
The flight couldn't take off because of the fog.
안개 때문에 비행기가 이륙할 수 없었다.

frost
[fraːst]

n. 서리, 성에   v. 서리가 내리다, 얼어붙다
The early frost ruined the crop.
서리가 일찍 내려 농작물을 망쳐 놓았다.

drought
[draʊt]

n. 가뭄, 고갈
The drought caused a poor harvest this year.
가뭄으로 인해 올해는 흉작이었다.

shower
[ˈʃaʊ.ɚ]

n. 소나기, 샤워
v. 쏟아져 내리다, 퍼붓다
Chloe was caught in a shower on her way home yesterday.
클로이는 어제 집으로 오는 길에 소나기를 만났다.

flood
[flʌd]

n. 홍수, 쇄도, 폭주
v. 물에 잠기다, 범람하다, 쇄도하다
The flood washed away many houses in the village.
홍수에 마을의 많은 집들이 떠내려갔다.

rainbow
[ˈreɪn.boʊ]

n. 무지개
a double rainbow 쌍무지개
A rainbow was hanging high in the sky after the rain.
비가 온 후, 무지개가 하늘 높이 걸려있었다.

rainbow

snowy
[ˈsnoʊ.i]

adj. 눈이 많이 오는, 눈에 덮인
Winters in Canada are often cold, windy, and snowy.
캐나다의 겨울은 종종 춥고, 바람이 불고, 눈이 많이 내린다.

sunburn
[ˈsʌn.bɝːn]

n. 햇볕에 탐, 햇볕에 의한 화상
Aloe vera gel is beneficial in healing mild sunburns.
알로에 젤은 가벼운 화상을 치료하는 데 도움이 된다.

breeze
[briːz]

n. 미풍, 순풍, 산들바람
A cool breeze was coming from the valley.
계곡에서 시원한 바람이 불어왔다.

thunder
[ˈθʌn.dɚ]

n. 천둥, 우레
v. 천둥이 치다
Thunder continued to rumble for almost an hour last night.
어젯밤 거의 한 시간 동안 천둥이 계속 쳤다.

storm
[stɔːrm]

n. 폭풍, 호우, 폭풍우
v. 기습하다, 급습하다
The sea is strangely quiet. It looks like a storm is near.
바다가 이상하리 만치 조용하다. 폭풍이 다가오는 것 같다.

tornado
[tɔːrˈneɪ.doʊ]

n. 회오리 바람, 태풍, 토네이도
Over 2,000 homes were destroyed by the tornado last week.
지난주 2000 가구 이상이 태풍에 의해 파괴되었다.

tornado

avalanche
[ˈæv.əl.æntʃ]

n. 눈사태, 산사태
A small snowball can trigger an avalanche.
작은 눈 덩어리 하나가 눈사태를 일으킬 수 있다.

UV ray
[juːˈviː reɪ]

n. 자외선 (ultra violet ray)
The ultraviolet rays can damage skin and cause wrinkles.
자외선은 피부를 상하게 하고 주름을 생기게 할 수 있다.

Check-up Test

1 - 10. 우리말은 영어로 영어는 우리말로 쓰시오.

1. mild	_____	6. 맑은, 청명한	_____
2. flood	_____	7. 비가 오는	_____
3. forecast	_____	8. 맑은, 해가 비치는	_____
4. tornado	_____	9. 눈이 내리는	_____
5. UV ray	_____	10. 바람이 부는	_____

11 – 15. 빈칸에 알맞은 단어를 보기에서 찾아 쓰시오.

a) breeze   b) drought   c) thunder   d) chilly   e) overcast

11. The _____ exposed the bottom of the lake.

12. It is _____ outside. Don't forget to wear your coat.

13. A storm usually comes with lightning and _____.

14. The sky will be _____ with dark clouds tomorrow.

15. The cool _____ from the river made us feel refreshed.

16 – 20. 빈칸에 알맞은 단어를 보기에서 찾아 쓰시오.

a) humid   b) shower   c) freezing   d) sunburn   e) avalanche

16. The tennis match was interrupted by a sudden _____.

17. If a(n) _____ occurs, you can be buried alive by snow.

18. The weather on this island is hot and _____ all year round.

19. The temperature will drop below the _____ point tonight.

20. Don't spend too much time in the sun, or you will get a(n) _____.

21 – 25. 빈칸에 알맞은 단어를 사용하여 문장을 완성하시오 (주관식).

21. The _____ was so dense that we couldn't see anything in front of us.
안개가 너무 짙어 우리는 한치 앞을 볼 수 없었다.

22. Let's find a cool place to escape from the _____ summer heat.
뜨거운 태양 열을 피할 수 있는 시원한 장소를 찾아보자.

23. The temperature dropped sharply last night, and we had a heavy _____.
어젯밤 기온이 갑자기 내려가 서리가 짙게 내렸다.

24. Right after the rain stopped, I saw a double _____ hanging in the sky.
비가 멎은 직 후, 나는 하늘에 걸린 쌍무지개를 보았다.

25. The _____ destroyed the whole village and caused damage to the crops.
폭풍우가 마을 전체를 파괴하고 농작물에 피해를 입혔다.

Farming
농업

Day 21

1. breed   a) 담장, 울타리
2. fence   b) 목초지
3. meadow   c) 기르다, 새끼를 낳다
4. cultivate   d) 수확하다
5. harvest   e) 경작하다

Today's Task

How many words do you know?
오늘 학습할 단어입니다. 알고 있는 단어에 √로 표시하시오.

☐ farm	☐ breed	☐ hay
☐ agriculture	☐ ripe	☐ ranch
☐ cultivate	☐ stable	☐ fence
☐ harvest	☐ windmill	☐ greenhouse
☐ irrigation	☐ livestock	☐ meadow
☐ sow	☐ vineyard	☐ fertilizer
☐ seed	☐ grain	☐ pesticide
☐ plow	☐ barn	
☐ reap	☐ crop	

Pre-test Answer   1. c   2. a   3. b   4. e   5. d

farm
[fɑːrm]

n. 농장, 농원, 양식장
farmhouse 농가
I saw farmers working on the farm.
나는 농부들이 농장에서 일하고 있는 것을 보았다.

agriculture
[ˈæg.rə.kʌl.tʃɚ]

n. 농업
Most inhabitants in this village depend on agriculture.
이 마을의 대부분 주민들은 농업에 의존하고 있다.

cultivate
[ˈkʌl.tə.veɪt]

v. 경작하다, 재배하다, 양성하다
Farmers in the Philippines cultivate mostly rice and sugarcane.
필리핀 농부들은 주로 쌀과 사탕수수를 재배한다.

harvest
[ˈhɑːr.vəst]

n. 수확, 추수, 생산
We are expecting a good harvest this year.
우리는 올해가 풍작일 것으로 기대하고 있다.

irrigation
[ˌɪr.əˈgeɪ.ʃən]

n. 관개, 관수
irrigate 물을 대다, 관개하다
Most water in this reservoir is used for irrigation.
이 저수지 물의 대부분은 관개에 사용된다.

sow
[soʊ]

v. (sowed, sown / sowed) (씨를) 뿌리다, 심다
Farmers are sowing seeds in their fields.
농부들이 들판에서 씨를 뿌리고 있다.

seed
[siːd]

n. 씨, 씨앗, 종자, (어떤 일의) 근원
v. 씨앗을 뿌리다
If you want to harvest apples, we have to plant apple seeds.
사과를 수확하기를 원한다면, 사과 씨를 심어야 한다.

seed

plow
[plaʊ]

n. 쟁기 (plough)
v. 쟁기로 갈다
You have to plow the field before sowing seeds.
씨를 뿌리기 전에 밭을 쟁기로 갈아야 한다.

reap
[riːp]

n. 거두다, 수확하다
If you work hard in summer, you will reap a good harvest in autumn.
만약 당신이 여름에 열심히 일한 다면, 가을에 많은 수확을 얻을 것 이다.

reap

breed
[briːd]

n. 품종, 종류 / v. 새끼를 낳다, 기르다, 재배하다
Some animals breed only in spring or early summer.
어떤 동물들은 봄과 초여름에만 새끼를 낳는다.

ripe
[raɪp]

n. 익은, 숙성한, 때가 된
The apples in the orchard will be ripe soon.
과수원의 사과들은 곧 익을 것이다.

stable
[ˈsteɪ.bəl]

n. 마구간 / v. (말을 마구간에) 넣다, 두다
adj. 안정된, 안정적인
The stable should be kept clean at all times.
마구간은 항상 청결하게 유지되어야 합니다.

windmill
[ˈwɪnd.mɪl]

n. 풍차
In the past, windmills were used for grinding corn.
과거에 풍차는 곡식을 갈기 위해 사용되었다.

livestock
[ˈlaɪv.stɑːk]

n. 가축, 축산물
Farmers are using livestock manure to fertilize crops.
농부들은 가축의 배설물을 농작물의 거름으로 사용하고 있다.
* manure 동물의 배설물로 만든 거름, 천연 비료

vineyard [ˈvɪn.jəd]	n. 포도밭, 포도원 Green grapes in the vineyard are ripe enough to harvest. 포도원의 청포도가 수확할 수 있을 만큼 충분히 익었다.
grain [greɪn]	n. 곡물, 낟알, 알갱이 My uncle is a farmer, and he grows a variety of grains. 우리 삼촌은 농부인데, 다양한 곡식을 재배한다. grain
barn [bɑːrn]	n. 헛간, 외양간, 곳간 The farmer keeps all his grain in the barn. 그 농부는 자신의 모든 작물을 곳간에 보관한다.
crop [krɑːp]	n. 농작물, 수확, 곡식 Rice crops were damaged by the flood this year. 올해 홍수로 인해 쌀농사가 피해를 입었다.
hay [heɪ]	n. 건초 v. 건초를 만들다 He feeds his horse hay and carrots. 그는 그의 말에게 건초와 당근을 먹이로 준다.
ranch [ræntʃ]	n. 목장, 축산 농장 My grandfather has a ranch and breeds a large number of cattle. 우리 할아버지는 농장을 갖고 있으며 소를 많이 기르신다. ranch
fence [fens]	n. 울타리, 담장 v. 울타리를 치다 The farmer is building a fence around his farmhouse. 농부는 자신의 농장 둘레에 울타리를 짓고 있다.

greenhouse
[ˈɡriːn.haʊs]

n. 온실
Alex grows vegetables in his greenhouse.
알렉스는 자신의 온실에서 채소를 기른다.

meadow
[ˈmed.oʊ]

n. 초원, 목초지
A herd of sheep are grazing in the meadow.
한 무리의 양떼들이 초원에서 풀을 뜯어먹고 있다.

meadow

fertilizer
[ˈfɜː.tɪ.laɪ.zər]

n. 비료
Intensive use of fertilizers can pollute our soil and water.
지나친 비료 사용은 토지와 물을 오염시킬 수 있다.

pesticide
[ˈpes.tə.saɪd]

n. 살충제, 농약
We can reduce the amounts of pesticides used in farming.
우리는 농업에서 사용되는 농약의 양을 줄일 수 있다.

Check-up Test

1 – 10. 우리말은 영어로 영어는 우리말로 쓰시오.

1. sow	_____	6. 건초	_____
2. ripe	_____	7. 농작물	_____
3. seed	_____	8. 곡물	_____
4. farm	_____	9. 가축	_____
5. fence	_____	10. 포도원	_____

11 - 15. 빈칸에 알맞은 단어를 보기에서 찾아 쓰시오.

a) plow b) reap c) meadow d) agriculture e) harvest

11. It is time to _____ what you sow.

12. Farmers _____ their fields in spring.

13. _____ is the world's largest industry.

14. The barley in the field is ready for _____.

15. A _____ is a piece of land covered with grass.

16 - 20. 빈칸에 알맞은 단어를 보기에서 찾아 쓰시오.

a) breed b) ranch c) barn d) fertilizers e) irrigation

16. The _____ is surrounded by a barbed wire fence.

17. You should use organic _____ to enrich the soil.

18. Adult salmons return to their native rivers to _____.

19. The primary function of this dam is to store water for _____.

20. The _____ is so small that it does not have enough space to store the hay.

* barbed wire 가시 철조망

21 - 25. 빈칸에 알맞은 단어를 사용하여 문장을 완성하시오 (주관식).

21. You will see _____ everywhere in Holland.
네덜란드에서는 어느 곳에서나 풍차를 볼 수 있다.

22. This _____ will protect your horses from predators' attacks.
이 마구간은 당신의 말들을 포식동물들의 공격으로부터 보호해 줄 것입니다.

23. You have to keep _____ from waters or areas near waters.
살충제는 물이나 물과 가까운 곳에서 멀리 두어야 한다.

24. The major crops that Chinese farmers _____ are corn, rice, and wheat.
중국 농부들이 경작하는 주된 농작물은 옥수수, 쌀, 그리고 밀이다.

25. The ideal temperature inside the _____ varies according to the type of crop.
온실 내부의 적정 온도는 작물의 종류에 따라 다르다.

Energy
에너지

 중요 어휘 Pre-test

Connect words and meanings.
영어 단어와 우리말 뜻을 바르게 연결하시오.

1. green
2. thermal
3. absorb
4. velocity
5. resource

a) 속도
b) 자원
c) 열의
d) 친환경의
e) 흡수하다

 Today's Task

How many words do you know?
오늘 학습할 단어입니다. 알고 있는 단어에 √로 표시하시오.

- ☐ coal
- ☐ gasoline
- ☐ electric
- ☐ natural gas
- ☐ wind power
- ☐ solar energy
- ☐ heat loss
- ☐ energy efficient
- ☐ thermal

- ☐ kinetic
- ☐ resource
- ☐ fossil fuel
- ☐ green
- ☐ chemical
- ☐ nuclear
- ☐ radiation
- ☐ interaction
- ☐ circuit

- ☐ absorb
- ☐ reflect
- ☐ transfer
- ☐ accelerate
- ☐ sound wave
- ☐ velocity
- ☐ alternative

Pre-test Answer 1. d 2. c 3. e 4. a 5. b

coal
[koʊl]

n. 석탄, 숯 (charcoal)

It is still chilly here. Let's put some more coal in the stove.
아직 날씨가 쌀쌀해. 난로에 석탄을 좀 더 넣자.

gasoline
[ˈɡæs.əl.iːn]

n. 기름, 휘발유, 가솔린 (gas, petrol)

run out of gasoline 휘발유가 다 떨어지다
We have to stop for gasoline at the next gas station.
우리는 기름을 넣기 위해 다음 주유소에서 멈추어야 한다.

electric
[iˈlek.trɪk]

n. 전기의, 전자의

I bought an electric guitar at a music store yesterday.
나는 어제 악기점에서 전자기타를 하나 샀다.

natural gas
[ˌnætʃ.ɚ.əl ˈɡæs]

n. 천연 가스

Russia is the second largest natural gas producer in the world.
러시아는 세계에서 두 번째로 가장 많은 천연 가스를 생산한다.

wind power
[wɪnd ˈpaʊ.ɚ]

n. 풍력

Wind power does not produce any harmful pollutants.
풍력은 어떤 유해 물질도 발생시키지 않는다.

wind power

solar energy
[ˌsoʊ.lɚ ˈen.ɚ.dʒi]

n. 태양 에너지

Solar energy is the best alternative energy because it produces no waste.
태양 에너지는 폐기물을 만들지 않기 때문에 최상의 대체 에너지이다.

solar energy

heat loss
[hiːt lɑːs]

n. 열 손실

prevent heat loss 열손실을 막다
The building was designed to minimize heat loss.
이 건물은 열 손실을 최소화하도록 디자인되었다.

energy efficient [ɪˈfɪʃ.ənt]	**adj.** 연비가 좋은, 연료 효율이 좋은 fuel efficient 연비가 좋은 cost efficient 비용 효율이 좋은 Smaller cars are more energy efficient than larger vehicles. 작은 차는 큰 차보다 연비가 좋다.
thermal [ˈθɜː.məl]	**adj.** 열의, 뜨거운, 보온성이 좋은 Thermal cameras can detect heat radiation. 열 감지 카메라는 방사 열을 감지할 수 있다.
kinetic [kɪˈnet̬.ɪk]	**adj.** 운동의, 운동에 의해 생기는, 동역학의 kinetic energy 운동 에너지 Any object that is moving contains kinetic energy. 움직이는 모든 물체는 운동 에너지를 보유하고 있다.

resource [ˈriː.soːrs]

n. 자원, 재원, 자산
Venezuela is rich in natural resources such as gold and petroleum.
베네수엘라는 금이나 석유같은 천연 자원이 풍부하다.

resource

fossil fuel [ˈfɑː.səl ˌfjʊəl]

n. 화석 연료
Fossil fuels include coal, crude oil, and natural gas.
화석 연료에는 석탄, 원유, 그리고 천연 가스가 포함된다.

fossil fuel

green [griːn]

n. 녹색 / **adj.** 녹색의, 환경친화적인
green policy 친환경 정책   green light 허가, 승인
Green living can be rewarding and beneficial to future generations.
친환경적 생활은 보람이 있으며 미래 세대에게 이익을 준다.

chemical [ˈkem.ɪ.kəl]

n. 화학 물질 / **adj.** 화학의, 화학적인
This chemical will prevent germs from breeding.
이 화학 물질은 세균이 번식하는 것을 막을 것이다.

nuclear
[ˈnuː.kliː.ɚ]

adj. 핵의, 원자력의
nuclear plant 원자력 발전소   nuclear waste 핵 폐기물
Nuclear power is a clean and safe energy source.
원자력은 깨끗하고 안전한 에너지 자원이다.

radiation
[ˌreɪ.diˈeɪ.ʃən]

n. 방사선, 방사
This machine can detect small amounts of
radiation.
이 기계는 소량의 방사능도 감지할 수 있다.

interaction
[ˌɪn.t̬ɚˈræk.ʃən]

n. 상호 작용, 교류, 소통
An ecosystem is the interaction between living
organisms and their environment.
생태계는 생물과 그들이 처한 환경 간의 상호 작용이다.

circuit
[ˈsɜː.kɪt]

n. 순환, 순회, 회로
electrical circuit 전기 회로 / closed–circuit television
폐쇄 회로 tv / make a circuit of … 을 한 바퀴 돌다
The moon takes about 30 days to make a circuit
of the earth.
달이 지구를 한 바퀴 도는 데 약 30 일이 걸린다.

absorb
[əbˈzɔːrb]

v. 흡수하다, 빨아들이다, 받아들이다
Dark colors like black and purple absorb heat
from the sun.
검정색이나 자주색과 같은 짙은 색상은 태양으로부터 열을
흡수한다.

reflect
[rɪˈflekt]

v. 비추다, 반사하다, 반영하다
About 30 % of the sun's
energy is reflected back into
space.
태양 에너지의 약 30%는 우주로 반
사되어 되돌아간다.

reflect

transfer
[ˈtræns.fɜː]

v. 옮기다, 이동하다, 이전하다
Kinetic energy can be transferred from one
object to another.
운동 에너지는 한 대상에서 다른 대상으로 이전될 수 있다.

accelerate
[əkˈsel.ɚ.eɪt]

v. 가속하다, 빨라지다, 촉진시키다

Salt accelerates the rusting process of metals.
소금은 철의 부식을 촉진시킨다.

The boy's sled accelerated as it slid down the snowy hill.
소년의 썰매는 눈 덮인 언덕을 미끄러져 내려오면서 속도가 빨라졌다.

sound wave
[ˈsaʊnd ˌweɪv]

n. 음파

ultrasound wave 초음파
Sound waves travel faster in water than air.
음파는 공기보다 물에서 더 빨리 전해진다.

velocity
[vəˈlɑː.sə.t̬i]

n. 속도

The velocity of sound in air is about 343 meters per second.
공기 중에서 소리의 속도는 초속 약 343 미터이다.

alternative
[ɑːlˈtɝː.nə.t̬ɪv]

n. 대안, 대체

alternative fuel 대체 연료
We have to find alternative energy sources sooner or later.
우리는 조만간 대체 에너지 자원을 찾아야 한다.

Check-up Test

1 – 10. 우리말은 영어로 영어는 우리말로 쓰시오.

1. coal	_____	6. 친환경의	_____
2. electric	_____	7. 핵, 원자력의	_____
3. thermal	_____	8. 이동, 이전하다	_____
4. resource	_____	9. 화석 연료	_____
5. velocity	_____	10. 음파	_____

11 – 15. 빈칸에 알맞은 단어를 보기에서 찾아 쓰시오.

a) circuit b) heat loss c) accelerate d) gasoline e) wind power

11. When crude oil prices rise, _____ prices rise.

12. _____ generates small amounts of electricity.

13. The closed _____ television sends videos in real-time.

14. This house has triple-glazed windows to prevent _____.

15. He _____d his car to overtake a truck in front of him.

16 – 20. 빈칸에 알맞은 단어를 보기에서 찾아 쓰시오.

a) kinetic b) natural gas c) alternative d) chemical e) solar energy

16. _____ is cheaper than electricity for heating.

17. Catalysts can make _____ reactions occur faster.

18. When an object is stationary, there is no _____ energy.

19. _____ technology is still in the beginning stages.

20. The road ahead is closed, so we have to find a(n) _____ route.

21 – 25. 빈칸에 알맞은 단어를 사용하여 문장을 완성하시오 (주관식).

21. Ozone protects us from potentially harmful UV _____.
오존은 잠재적으로 해로운 자외선으로부터 우리를 보호해준다.

22. Market prices depend on the _____ between demand and supply.
시장 가격은 수요와 공급의 상호 작용에 의존한다.

23. Trees _____ carbon dioxide and give off oxygen during the day.
나무는 낮 동안에 이산화 탄소를 흡수하고 산소를 배출한다.

24. The moon looks bright at night because it _____s light
from the sun.
달이 밤에 밝게 보이는 것은 태양의 빛을 반사하기 때문이다.

25. Automakers are trying to make safer and more _____ vehicles.
자동차 회사들은 더 안전하고 연비가 좋은 차량을 만들기 위해 노력한다.

Environment
환경

중요 어휘 Pre-test

Connect words and meanings.
영어 단어와 우리말 뜻을 바르게 연결하시오.

1. erosion   a) 오염
2. pollution   b) 부식
3. acid rain   c) 멸종 위기의
4. deforestation   d) 산성비
5. endangered   e) 삼림 파괴

Today's Task

How many words do you know?
오늘 학습할 단어입니다. 알고 있는 단어에 √로 표시하시오.

- ☐ climate
- ☐ atmosphere
- ☐ global warming
- ☐ greenhouse effect
- ☐ pollution
- ☐ ozone layer
- ☐ acid rain

- ☐ industrial waste
- ☐ deforestation
- ☐ rainforest
- ☐ disposable
- ☐ renewable
- ☐ recycle
- ☐ exhaust
- ☐ fumes
- ☐ contaminate

- ☐ emission
- ☐ dump
- ☐ garbage
- ☐ trash
- ☐ earthquake
- ☐ ecosystem
- ☐ erosion
- ☐ extinct
- ☐ endangered

Pre-test Answer   1. b   2. a   3. d   4. e   5. c

climate [ˈklaɪ.mət]	**n.** 기후, 풍토, 날씨 climate change 기후 변화 The climate here is very similar to that of my hometown. 이곳의 날씨는 내 고향의 날씨와 비슷하다.
atmosphere [ˈæt.mə.sfɪr]	**n.** 대기, 공기, 분위기 The atmosphere of cities is polluted mostly by burning fossil fuels. 도시의 대기는 대부분 화석 연료 연소에 의해 오염된다.
global warming [ˌgloʊ.bəl ˈwɔːr.mɪŋ]	**n.** 지구 온난화 The earth is getting warmer every year because of global warming. 지구 온난화 때문에 지구는 매년 점점 더 더워지고 있다.
greenhouse effect [ˈgriːn.haʊs ɪˌfekt]	**n.** 온실 효과 We can reduce the greenhouse effect by reducing greenhouse gas emissions. 우리는 온실 가스 배출을 줄임으로서 온실 효과를 줄일 수 있다.

greenhouse effect

pollution [pəˈluː.ʃən]	**n.** 오염, 공해 Gas emissions from cars are causing air pollution in cities. 자동차 배기가스가 도시의 공기오염을 야기시키고 있다.
ozone layer [ˈoʊ.zoʊn ˌleɪ.ɚ]	**n.** 오존층 The ozone layer protects us from the sun's UV radiation. 오존층은 태양의 자외선으로부터 우리를 보호한다.

ozone layer

acid rain [ˌæs.ɪd ˈreɪn]	**n.** 산성비 The burning of fossil fuels causes air pollution and acid rain. 화석 연료를 태우는 것이 공기 오염과 산성비를 야기시킨다.

Part 7 Nature, Energy & Environment

industrial waste
[ɪnˈdʌs.tri.əl wɔɪst]

n. 산업 폐기물
household waste 가정에서 나오는 쓰레기
The pollution of rivers has a direct relation to industrial waste.
강의 오염은 산업 폐기물과 직접적인 관계가 있다.

---

deforestation
[diːˌfɔːr.əˈsteɪ.ʃən]

n. 삼림 벌채, 삼림 개간
Deforestation accounts for a quarter of greenhouse gas emissions.
온실 가스 배출의 ¼은 삼림 벌채로 인한 것이다.

---

rainforest
[ˈreɪn.fɔːr.ɪst]

n. 열대 우림
Amazon Jungle is the world's largest tropical rainforest.
아마존 정글은 세계에서 가장 넓은 열대 우림 지대이다.

rainforest

---

disposable
[dɪˈspoʊ.zə.bəl]

adj. 쓰고 버릴 수 있는, 일회용의
disposable cup 일회용 컵
We have to reduce the use of disposable products.
우리는 일회용 물품의 사용을 줄여야 한다.

---

renewable
[rɪˈnuː.ə.bəl]

adj. 재생 가능한, 연장할 수 있는
renewable resource 재생 가능한 자원
Many countries are turning to renewable energy.
많은 국가들이 재생 에너지로 관심을 돌리고 있다.

---

recycle
[ˌriːˈsaɪ.kəl]

v. 재활용하다, 재생하다
The recycling rate of paper in the U.S. is 64.7 percent.
미국에서의 종이 재활용 비율은 64.7 %이다.

---

exhaust
[ɪɡˈzɑːst]

v. 다 쓰다, 고갈시키다, 배출하다, 기진맥진하게 하다
n. (자동차 등의) 배기가스, 배기관
exhaust system 배기 장치
There is a problem with the exhaust system of the car.
차의 배기 장치에 문제가 있다.

fumes
[fjuːmz]

n. 가스, 매연

Exhaust fumes increase the levels of carbon dioxide in the air.

배기가스는 공기 중의 이산화 탄소 농도를 증가시킨다.

contaminate
[kənˈtæm.ə.neɪt]

v. 오염시키다, 더럽히다, 악영향을 주다

Industrial wastes from plants nearby contaminated this river.

근처의 공장에서 배출한 산업 폐기물이 이 강을 오염시켰다.

contaminate

emission
[iˈmɪʃ.ən]

n. 배출, 방출, 배기가스

The research team's goal is to reduce harmful emissions.

그 연구팀의 목표는 해로운 배기가스를 줄이는 것이다.

dump
[dʌmp]

v. 버리다, 털썩 내려놓다, 쓰레기를 버리다

dump truck 덤프 트럭

You should not dump garbage here.

이곳에 쓰레기를 버리면 안 됩니다.

garbage
[ˈɡɑːr.bɪdʒ]

n. 쓰레기, 찌꺼기, 하찮은 것

garbage can 쓰레기 통

garbage man 청소부 (dustman)

Someone dumped garbage in my front yard last night.

누군가 어젯밤에 우리집 앞 마당에 쓰레기를 버렸다.

trash
[træʃ]

n. 쓰레기 / **v.** 버리다, 손상시키다

We have to empty the trash bins every day to keep our office clean.

사무실을 깨끗하게 유지하기 위해 쓰레기 통을 매일 비워야 합니다.

earthquake
[ˈɝː.θ.kweɪk]

n. 지진

There are around 2000 earthquakes every year in Japan.

일본에서는 매년 약 2000 회의 지진이 발생한다.

Part 7 Nature, Energy & Environment

ecosystem
[ˈiː.koʊˌsɪs.təm]

n. 생태계

Deforestation causes severe damage to global ecosystems.
삼림 벌채는 지구의 생태계에 심각한 해를 끼친다.

Natural hazards such as hurricanes and droughts help keep an ecosystem in balance.
태풍이나 가뭄 같은 자연재해는 생태계의 균형을 유지하는데 도움을 준다.

erosion
[ɪˈroʊ.ʒən]

n. 부식, 침식

Tree planting helps prevent soil erosion.
나무를 심는 것은 토양이 부식하는 것을 막는데 도움이 된다.

extinct
[ɪkˈstɪŋkt]

adj. 멸종된, 사라진, 활동하지 않는

an extinct volcano 사화산

Dinosaurs went extinct about 65 million years ago.
공룡은 약 6천5백만 년 전에 멸종했다.

endangered
[ɪnˈdeɪn.dʒɚd]

adj. 멸종 위기에 처한, 위험한

endangered species 멸종 위기에 처한 동물 또는 식물

We call animals at risk of extinction as endangered species.
우리는 사라질 위험에 처한 동물들을 멸종 위기의 종이라고 부른다.

endangered

Check-up Test

1 - 10. 우리말은 영어로 영어는 우리말로 쓰시오.

1. trash	_____	6. 재활용	_____
2. fumes	_____	7. 기후	_____
3. erosion	_____	8. 일회용의	_____
4. acid rain	_____	9. 대기, 공기	_____
5. ozone layer	_____	10. 온실 효과	_____

11 – 15. 빈칸에 알맞은 단어를 보기에서 찾아 쓰시오.

a) garbage   b) contaminated   c) dump   d) endangered   e) pollution

11. You can _____ office waste into this bin.

12. Asian elephants are a(n) _____ species.

13. Household _____ is collected once a week.

14. Air _____ has been a big problem in this city.

15. The oil spill has _____ the coastal areas.

16 – 20. 빈칸에 알맞은 단어를 보기에서 찾아 쓰시오.

a) exhaust   b) emission   c) renewable   d) earthquake   e) ecosystems

16. This building is designed to withstand a(n) _____.

17. Foreign species can cause considerable harm to native _____.

18. The wrong public policies can _____ all the resources of the country.

19. He introduced new technology to decrease the _____ of greenhouse gases.

20. Using _____ resources for energy is a growing trend in many countries.

21 – 25. 빈칸에 알맞은 단어를 사용하여 문장을 완성하시오 (주관식).

21. _____ is the rise in temperature of the earth's surface.
지구 온난화는 지구 표면의 온도의 상승이다.

22. The _____ volcano is a volcano that has not erupted in the past 10,000 years.
사화산은 과거 1 만년 동안 분출하지 않은 화산이다.

23. Inspectors discovered the river significantly polluted with _____.
조사관들은 강이 산업 폐기물에 의해 심각하게 오염되었음을 발견했다.

24. The destruction of _____ affects our environment in negative ways.
열대 우림의 파괴는 우리 환경에 부정적 영향을 미친다.

25. Because of _____, many species of animals are becoming extinct each day.
삼림 파괴로 인해, 많은 동물 종이 매일 멸종하고 있다.

Part 8

Media & Communication

Art & Media
예술과 미디어

 중요 어휘 Pre-test

Connect words and meanings.
영어 단어와 우리말 뜻을 바르게 연결하시오.

1. mural
2. motif
3. abstract
4. creativity
5. perspective

a) 주제
b) 관점
c) 벽화
d) 창의력
e) 추상적인

Today's Task

How many words do you know?
오늘 학습할 단어입니다. 알고 있는 단어에 √로 표시하시오.

- ☐ artistic
- ☐ gallery
- ☐ architecture
- ☐ sculpture
- ☐ media
- ☐ abstract
- ☐ craftmanship
- ☐ kiln
- ☐ pottery

- ☐ mural
- ☐ style
- ☐ content
- ☐ symmetrical
- ☐ rhythm
- ☐ motif
- ☐ contour
- ☐ shade
- ☐ shadow

- ☐ hue
- ☐ perspective
- ☐ draw
- ☐ visual
- ☐ exhibition
- ☐ masterpiece
- ☐ creativity

Part 8 Media & Communication

Pre-test Answer   1. c   2. a   3. e   4. d   5. b

artistic
[ɑːrˈtɪs.tɪk]

adj. 예술의, 예술적인, 예술적 감각이 있는
Julia has artistic talents.
줄리아는 예술적 재능이 있다.

artistic

gallery
[ˈɡæl.ə.i]

n. 미술관, 갤러리, 화랑
The art gallery is usually very crowded with visitors.
그 미술관은 항상 방문객들로 붐빈다.

architecture
[ˈɑːr.kə.tek.tʃɚ]

n. 건축, 설계, 건축학
architect 건축가
The Notre-Dame Cathedral is a masterpiece of medieval architecture.
노틀담 사원은 중세 건축의 걸작이다.

sculpture
[ˈskʌlp.tʃɚ]

n. 조각, 조각품
sculptor 조각가
His hobby is collecting crystal sculptures.
그의 취미는 크리스탈 조각품을 수집하는 것이다.

media
[ˈmiː.di.ə]

n. (신문, TV 등의) 매체, medium의 복수
mass media 대중 매체
mainstream media 주류 언론
The new government is trying to control the media.
새 정부는 매체를 통제하려 하고 있다.

abstract
[ˈæb.strækt]

adj. 추상적인, 관념적인
an abstract painting 추상화
It is difficult to understand abstract art.
추상미술은 이해하기가 어렵다.

craftsmanship
[ˈkræfts.mən.ʃɪp]

n. 솜씨, 기능, 손재주
The goldsmith is well known for his high-quality craftsmanship.
그 금세공인은 뛰어난 솜씨로 유명하다.

kiln
[kɪln]

n. (숯, 벽돌, 도자기 등을) 굽는 가마
A kiln can reach temperatures around 1,500 °C.
가마는 약 섭씨 1500 도에 도달할 수 있다.

pottery
[ˈpɑː.t̬ɚ.i]

n. 도자기, 도기, 도예
This urn is a typical example of Greek pottery.
이 항아리는 그리스 도예의 전형적인 본보기이다.

pottery

mural
[ˈmjʊr.əl]

n. 벽화
The walls of the building are painted with murals.
그 건물의 벽에는 벽화가 그려져 있다.

style
[staɪl]

n. 양식, 방식, 스타일
Anne's new hair style made her look younger.
앤의 새 머리 스타일은 그녀를 더 어려 보이게 했다.

content
[kənˈtent]

n. 내용, 목차, 함유량
adj. 만족하는
A policeman examined the contents of the box.
경찰관은 상자의 내용물을 검사했다.
Blackberries have a high vitamin C content.
블랙베리에는 비타민 C 함유량이 높다.

symmetrical
[sɪˈmet.rɪ.kəl]

adj. 대칭적인, 균형 잡힌
The structure of a snowflake is symmetrical.
눈송이의 구조는 대칭적이다.

rhythm
[ˈrɪð.əm]

n. 리듬, 박자, 변화
He often uses African rhythms in his music.
그는 종종 아프리카 리듬을 자신의 음악에 사용한다.

Part 8　Media & Communication

motif
[moʊˈtiːf]

n. 주제, 모티프, 동기, 디자인
a musical motif 악상
Everyday rural life is a central motif of his work.
일상적 전원 생활은 그의 작품의 주된 주제이다.

contour
[ˈkɑːn.tʊr]

n. 윤곽, 외형, 등고선 (outline)
v. 윤곽이 되다, (지도의) 등고선을 표시하다
He is drawing the contours of the human body.
그는 인체의 윤곽을 그리고 있다.

shade
[ʃeɪd]

n. 그늘, 색조, 명암, 음영
v. 그늘지게 하다, 그늘을 만들다, 빛을 차단하다
I was taking a rest in the shade of a tree.
나는 나무 그늘에서 휴식을 취하고 있었다.

shadow
[ˈʃæd.oʊ]

n. 그림자, 어둠, 그늘
There is no light without a shadow.
그림자가 없는 빛은 없다. (속담)

shadow

hue
[hjuː]

n. 색조, 색상, 경향
vernal hues 봄의 빛깔   pale hues 엷은 빛깔
The hues of the green field in autumn are beautiful.
가을 푸른 들판의 색조는 아름답다.

perspective
[pɚˈspek.tɪv]

n. 전망, 관점, 견해, (미술) 원근법
It is important to view things from a different perspective.
사물을 다른 관점에서 바라보는 것은 중요하다.

draw
[drɑː]

v. 그리다, 선을 그리다, 끌어 당기다
She taught us how to draw landscapes in perspective.
그녀는 우리에게 원근법으로 풍경을 그리는 법을 가르쳤다.
* 비김 또는 무승부의 뜻으로도 사용됨.
(Day 19 참고)

draw

visual	**adj.** 시각의, 눈에 보이는
[ˈvɪʒ.u.əl]	visual image 시각적 이미지
	audio–visual aids 시청각 교재
	The visual arts include painting, sculpture, and architecture.
	시각 예술은 회화, 조각, 그리고 건축이 포함된다.

exhibition	**n.** 전시, 전시회, 공연, 표현
[ˌek.səˈbɪʃ.ən]	The art exhibition will take place next week.
	다음주 미술 전시회가 열린다.

exhibition

masterpiece	**n.** 걸작, 명작
[ˈmæs.tɚ.piːs]	This work is considered one of the greatest masterpieces.
	이 작품은 가장 위대한 걸작 중의 하나로 간주된다.

creativity	**n.** 창조성, 창의력, 독창력
[ˌkriː.eɪˈt̬ɪv.ə.t̬i]	A good teacher helps students develop their creativity.
	훌륭한 스승은 학생들이 자신의 창의성을 개발하도록 돕는다.

Check-up Test

1 - 10. 우리말은 영어로 영어는 우리말로 쓰시오.

1. kiln	_____	6. (언론) 매체	_____
2. hue	_____	7. 도기, 도자기	_____
3. draw	_____	8. 내용	_____
4. artistic	_____	9. 추상적인	_____
5. shade	_____	10. 솜씨, 기능	_____

11 – 15. 빈칸에 알맞은 단어를 보기에서 찾아 쓰시오.

a) motifs b) style c) shadow d) exhibition e) symmetrical

11. Blue jeans are back in _____.

12. I saw something moving in the _____.

13. The _____ of his novel are peace and love.

14. Butterflies have a perfectly _____ shape.

15. I am going to visit the art _____ tomorrow.

16 – 20. 빈칸에 알맞은 단어를 보기에서 찾아 쓰시오.

a) rhythm b) contour c) gallery d) architecture e) perspective

16. The art _____ has one of Van Gogh's masterpieces.

17. We have to approach the issue from another _____.

18. The _____ of the building was dimly visible in the dark.

19. Everyone danced to the _____ of the music at the party.

20. This castle is a perfect example of medieval _____.

21 – 25. 빈칸에 알맞은 단어를 사용하여 문장을 완성하시오 (주관식).

21. Artists are those who translate their ideas into _____ images.
예술가는 자신의 아이디어를 시각적 이미지로 번역하는 사람들이다.

22. The key to his success as a fashion designer lies in his _____.
패션 디자이너로서 그의 성공의 열쇠는 그의 창의성에 있다.

23. _____ from ancient tombs show how people lived during that time.
고대 분묘의 벽화는 당시 사람들이 생활했던 방식을 보여준다.

24. The art museum has a collection of modern and contemporary _____.
그 미술관은 현대 조각품들을 소장하고 있다.

25. The millionaire wants to purchase the _____ no matter how much it cost.
그 백만장자는 가격이 얼마이든 그 걸작품을 구입하기를 원한다.

TV & Newspaper
TV와 신문

Day 25

중요 어휘 Pre-test

Connect words and meanings.
영어 단어와 우리말 뜻을 바르게 연결하시오.

1. press   a) 목격자
2. headline   b) 기자, 특파원
3. exclusive   c) 신문, 언론
4. eyewitness   d) 머리기사
5. correspondent e) 독점적인

Today's Task

How many words do you know?
오늘 학습할 단어입니다. 알고 있는 단어에 √로 표시하시오.

☐ article   ☐ critic   ☐ tabloid
☐ column   ☐ opinion   ☐ crowdfunding
☐ editor   ☐ press   ☐ feature
☐ editorial   ☐ reporter   ☐ exclusive
☐ front page   ☐ eyewitness   ☐ off the record
☐ headline   ☐ ombudsman   ☐ censor
☐ journalist   ☐ deadline   ☐ plagiarize
☐ mass media   ☐ viral
☐ correspondent   ☐ broadsheet

Pre-test Answer   1. c   2. d   3. e   4. a   5. b

Part 8 Media & Communication

165

article
[ˈɑːr.t̬ɪ.kəl]

n. 글, 기사, 조항
The article in the newspaper reflects public opinion.
신문에 난 그 기사는 여론을 반영하고 있다.

column
[ˈkɑː.ləm]

n. 칼럼, 신문의 정기 기고란; 기둥
Jimmy writes a weekly column on politics for the newspaper.
지미는 매주 신문에 정치에 관한 칼럼을 기고한다.

editor
[ˈed.ɪ.t̬ɚ]

n. 편집자, 논설위원, 교정자
editor-in-chief 편집장, 주간
My uncle works as an editor of a local newspaper.
우리 삼촌은 한 지방 신문의 편집인으로 일하고 있다.

editor

editorial
[ˌed.əˈtɔːr.i.əl]

n. (신문, 잡지의) 사설
adj. 편집의, 편집과 관련된
My father reads the editorial article in the newspaper every morning.
아버지는 매일 아침 신문 사설을 읽으신다.

front page
[ˌfrʌntˈpeɪdʒ]

n. (신문, 뉴스의) 제 1 면
The news hit the front page of the newspaper.
그 뉴스는 신문의 제 1 면을 장식했다.

headline
[ˈhed.laɪn]

n. 표제, 헤드라인, 머리기사 / v. 대서특필하다
The bomb attack made headlines around the world.
그 폭탄 테러는 전세계의 헤드라인을 장식했다.

journalist
[ˈdʒɝː.nə.lɪst]

n. 기자, 언론인, 저널리스트
He is a promising journalist.
그는 전도 유망한 저널리스트이다.

journalist

mass media
[ˌmæs ˈmiː.di.ə]

n. 대중 매체, 매스미디어

They used mass media to create public opinion in their favor.

그들은 여론을 자신들에게 유리하게 만들기 위해 대중 매체를 이용했다.

correspondent
[ˌkɔːr.əˈspɑːn.dənt]

n. 기자, 통신원, 특파원

Newspapers dispatched correspondents to Afghanistan.

신문사들은 기자들을 아프가니스탄으로 파견했다.

critic
[ˈkrɪt̬.ɪk]

n. 비평가, 평론가

a movie critic 영화 평론가

Some critics are arguing that the plan is unrealistic.

일부 평론가들은 그 계획이 비현실적이라고 주장하고 있다.

critic

opinion
[əˈpɪn.jən]

n. 의견, 견해, 관점, 여론

public opinion 여론

In my opinion, we have no time to delay.

내 의견으로는, 우리가 지체할 시간이 없다.

press
[pres]

n. 신문, 언론 / v. (벨 또는 스위치 등을) 누르다, (다리미 등으로) 눌러서 펴다

press conference 기자 회견

The police told the press that they arrested the culprit.

경찰은 범인을 체포했다고 언론에 발표했다.

press

reporter
[rɪˈpɔːr.t̬ɚ]

n. 기자, 리포터

The reporter is going to interview the president today.

그 기자는 오늘 대통령과 인터뷰를 할 예정이다.

eyewitness
[ˈaɪˌwɪt.nəs]

n. 증인, 목격자

According to eyewitnesses, the suspect was a tall man with a black beard.

목격자들에 의하면 용의자는 검은 수염을 기른 키가 큰 남자였다.

Part 8 Media & Communication

ombudsman [ˈɑːm.bədz.mən]	**n.** 옴부즈맨, 민원 조사원, 행정 감찰관 (시민의 고충을 조사 처리하는 사람) consumer ombudsman center 소비자 고발 센터 The ombudsman started an investigation into the complaints. 옴부즈맨은 불만사항에 대한 조사를 시작했다.
deadline [ˈded.laɪn]	**n.** 기한, 마감일자 He has never missed a deadline. 그는 마감일자를 놓친 적이 없다.
viral [ˈvaɪ.rəl]	**n.** 입소문 / **adv.** 바이러스의, 바이러스처럼 퍼지는 go viral 입소문이 나다, 퍼져 나가다 His music video has gone viral on YouTube. 그의 뮤직 비디오는 유튜브에서 순식간에 퍼져 나갔다.
broadsheet [ˈbrɑːd.ʃiːt]	**n.** 보통 사이즈의 신문, 광고용 인쇄물 I selected an article from a broadsheet newspaper. 나는 일반 신문에서 기사를 하나 선택했다.
tabloid [ˈtæb.lɔɪd]	**n.** 타블로이드판, 타블로이드 신문, 대중 연예 신문 a tabloid article 요약한 기사 tabloid journalism 대중적인 신문 The scandal made the front page in all the tabloids. 그 스캔들은 모든 타블로이드 신문의 제 1 면을 장식했다.
crowdfunding [ˈkraʊd.fʌn.dɪŋ]	**n.** 크라우드 펀딩, 군중 펀딩, 인터넷 모금 The film producer is currently seeking crowdfunding. 그 영화 제작자는 현재 크라우드 펀딩으로 자금을 구하고 있다.
feature [ˈfiː.tʃɚ]	**n.** 특징, 특성; 특집 기사, 특집 방송 **v.** 특징을 이루다, 특집 기사로 다루다 The feature article today is the summit talks between Korea and Japan. 오늘의 특집 기사는 한국과 일본 간의 정상회담이다.

exclusive [ɪkˈskluː.sɪv]	**adj.** 독점적인, 전용의, 배타적인 **n.** 독점기사, 독점권 The BBC holds exclusive rights to broadcast the match. BBC 방송국은 그 경기를 중계하는 독점권을 보유하고 있다.
off the record [ˈɔf ðə ˈrek·ərd]	**adj.** 비공개로, 비공식적인 speak off the record 비공식적으로 말하다 What I am going to tell you is off the record. 내가 당신에게 하고자 하는 말은 비공식적인 것이다.
censor [ˈsen.sɚ]	**n.** 검열, 통제, 감시 **v.** 검열하다, (검열하여) 삭제하다 censor the press 언론 또는 출판물을 검열하다 The government decided to censor the Internet. 정부는 인터넷을 검열하기로 결정했다.
plagiarize [ˈpleɪ.dʒə.raɪz]	**n.** 표절하다, 도용하다 Plagiarizing other's work is not only illegal but also immoral. 타인의 작품을 표절하는 것은 불법적이며 비도덕적이다.

Check-up Test

1 - 10. 우리말은 영어로 영어는 우리말로 쓰시오.

1. article	_____	6. 비평가	_____
2. editor	_____	7. 언론	_____
3. front page	_____	8. 신문의 사설	_____
4. plagiarize	_____	9. 특종	_____
5. correspondent	_____	10. 독점적인	_____

11 – 15. 빈칸에 알맞은 단어를 보기에서 찾아 쓰시오.

a) censor b) eyewitness c) viral d) ombudsman e) opinion

11. His video clip has gone _____ on the internet.

12. The _____ is carrying out an investigation.

13. The police found a(n) _____ of the crimes.

14. In my _____, we have to start the project instantly.

15. Some countries like Syria or Iran _____ the Internet.

16 – 20. 빈칸에 알맞은 단어를 보기에서 찾아 쓰시오.

a) tabloid b) crowdfunding c) off the record d) journalist e) deadline

16. Jacob started his career as a _____ ten years ago.

17. The _____ for submitting the proposal is next Monday.

18. He set up a _____ campaign to finance his business.

19. Please remember that our conversation is strictly _____.

20. Rumors and gossip about celebrities are a staple of the _____ press.

21 – 25. 빈칸에 알맞은 단어를 사용하여 문장을 완성하시오 (주관식).

21. Kate contributed a _____ on foreign affairs to a newspaper.
케이트는 한 신문에 외교 문제에 관한 칼럼을 기고했다.

22. We have to remember that the _____ can manipulate reality.
우리는 대중 매체가 현실을 조작할 수 있다는 것을 기억해야 한다.

23. The scandal has made _____ in major newspapers for several days.
그 스캔들은 며칠동안 주요 신문에 대서특필되었다.

24. When the mayor walked out of the courtroom, _____ surrounded him.
시장이 법정에서 나오자 기자들이 그에게 몰려들었다.

25. Tabloids and _____ have different writing styles and aim to attract different readers.
타블로이드 신문과 일반 신문은 문체도 다르고 대상 독자들도 다르다.

Computer & Communications
컴퓨터와 통신

 중요 어휘 Pre-test

Connect words and meanings.
영어 단어와 우리말 뜻을 바르게 연결하시오.

1. matrix   a) 먼, 원격의
2. remote   b) 원격 통신
3. google   c) 모체, 기반
4. syndrome   d) 검색하다
5. telecommunication   e) 증상, 증후군

Today's Task

How many words do you know?
오늘 학습할 단어입니다. 알고 있는 단어에 √로 표시하시오.

☐ desktop   ☐ search engine   ☐ matrix
☐ laptop   ☐ hardware   ☐ electronic
☐ download   ☐ software   ☐ virus
☐ keyboard   ☐ cell phone   ☐ firewall
☐ monitor   ☐ google   ☐ wireless
☐ mouse   ☐ social network   ☐ telecommunica-
☐ remote   ☐ code   tion
☐ internet   ☐ cyber   ☐ syndrome
☐ browser   ☐ database

Part 8 Media & Communication

Pre-test Answer 1. c 2. a 3. d 4. e 5. b

desktop
[ˈdesk.tɑːp]

n. 탁상, 탁상용 컴퓨터 (desktop computer)
adj. 탁상용의, 책상 위에 놓을 수 있는
Desktop computers have some advantages.
탁상용 컴퓨터는 몇 가지 장점들이 있다.

laptop
[ˈlæp.tɑːp]

n. 휴대용 컴퓨터, 노트북
I bought this laptop five
years ago.
나는 이 노트북을 5 년 전에 구입
했다.

laptop

download
[ˈdaʊn.loʊd]

v. 내려받다, 다운로드하다
You can download the
instruction manual from the
Internet.
사용 설명서는 인터넷에서 다운로드
할 수 있습니다.

keyboard
[ˈkiː.bɔːrd]

n. 컴퓨터 키보드, 피아노 건반
v. 입력하다
George accidentally spilled his coffee on the
keyboard.
조지는 실수로 커피를 키보드에 엎질렀다.

monitor
[ˈmɑː.nə.t̬ɚ]

n. 화면, 모니터, 감시장치
v. 감시하다, 조사하다, 관찰하다
What should I do if my computer monitor is
blinking?
컴퓨터 모니터가 깜박거리면 어떻게 해야 하나요?

mouse
[maʊs]

n. 쥐, 생쥐, 컴퓨터 마우스
If you want to continue, click the 'Next' button
with your mouse.
만약 계속하기를 원한다면, 마우스로 '다음' 버턴을 누르세요.

remote
[rɪˈmoʊt]

adj. 먼, 외딴, 원격의
A drone works by remote control.
드론은 원격 조정으로 작동한다.

internet [ˈɪn.t̬ɚ.net]	**n.** 인터넷 an internet forum 인터넷 토론회 an internet auction site 인터넷 경매 사이트 There are large amounts of information accessible on the Internet. 많은 양의 정보가 인터넷으로 접근 가능하다.
browser [ˈbraʊ.zɚ]	**n.** 브라우저, 자료를 검색하는 프로그램, 둘러보는 사람 default browser 기본 브라우저 Google Chrome is my favorite web browser. 구글 크롬은 내가 즐겨 사용하는 웹 브라우저이다.
search engine [ˈsɝːtʃ ˌen.dʒɪn]	**n.** (컴퓨터) 검색 엔진 Search engines help Internet users to find information quickly. 검색 엔진은 인터넷 사용자들에게 정보를 빨리 찾을 수 있게 돕는다.
hardware [ˈhɑːrd.wer]	**n.** (컴퓨터) 하드웨어, 기제, 장비, 철물 a hardware shop 철물점 They sell computer hardware such as PCs and printers at the store. 저 상점에서는 컴퓨터와 프린트기와 같은 하드웨어를 판매한다. **hardware**
software [ˈsɑːft.wer]	**n.** 소프트웨어, 프로그램 Please show me how to install this software. 이 소프트웨어를 설치하는 방법을 알려주세요.
cell phone [ˈsel foʊn]	**n.** 휴대폰, 휴대 전화 (mobile phone) I left my cell phone on the bus this morning. 나는 오늘 아침에 휴대폰을 버스에 두고 내렸다.
google [ˈguː.ɡəl]	**v.** 검색하다, 구글로 검색하다 I tried googling but couldn't find an answer. 나는 구글로 검색을 해보았지만 답을 찾지 못했다.

Part 8 Media & Communication

social network
[ˌsoʊ.ʃəl ˈnet.wɜːk]

n. 소셜 네트웍, 인간 관계 연결망
Many people share global news through social network services.
많은 사람들이 소셜 네트웍 서비스를 통해 세계 뉴스를 공유한다.

social network

code
[koʊd]

n. 암호, 부호, 규정, 관례
zip code 우편 번호　dress code 복장 규정
You should not forget the access code.
접속 코드를 잊어서는 안된다.

cyber
[saɪ.bɚ]

adj. 사이버의, 인터넷의, 컴퓨터와 관련이 있는
cyber crime 인터넷 범죄 cyber bullying 사이버 비방 (왕따)
In the United States, 59% of teenagers have experienced cyber bullying.
미국에서는, 10 대의 59%가 왕따를 경험해 본 적이 있다.

database
[ˈdeɪ.t̬.ə.beɪs]

n. 데이터 베이스, 데이터를 보존하여 필요 시 이용할 수 있게 한 시스템
The patient's progress will be monitored daily and stored in a database.
환자의 경과는 매일 관찰되어 데이터 베이스에 저장될 것입니다.

matrix
[ˈmeɪ.trɪks]

n. (pl. matrices / matrixes) 모체, 기반, (숫자나 기호를 나열한) 행렬
cultural matrix 문화적 기반
Latin was the matrix of the European languages.
라틴어는 유럽언어의 모체가 되었다.

electronic
[iˌlek ˈtrɑː.nɪk]

adj. 전자의, 컴퓨터의 / n. 전자 장치, 전자 기기
Electronic devices have become popular among young people.
전자 기기는 젊은이들에게 인기가 있다.

virus
[ˈvaɪ.rəs]

n. 컴퓨터 바이러스
You have to check your computer for viruses regularly.
컴퓨터에 바이러스 검사를 정기적으로 해야 한다.
* 병원균을 의미하는 바이러스도 같을 단어를 사용함. (Day 15 참고)

firewall [ˈfaɪə.wɔːl]	**n.** 방화벽, 컴퓨터 보안 시스템 You need to update your firewall to protect your data. 데이터를 보호하기 위해서 방화벽을 업데이트 해야 합니다.

firewall

wireless [ˈwaɪr.ləs]	**adj.** 무선의, 무선 전신의 Many shops are installing free wireless Internet networks. 많은 상점들은 무료 무선 인터넷 네트워크를 설치한다.

telecommunication [ˌtelɪkəmjuːnɪˈkeɪʃən]	**n.** (전화, 라디오, TV 등의) 원격 통신, 전자 통신 mobile telecommunication 이동 통신 Mobile telecommunication companies are facing strong competition. 이동 통신 회사들은 치열한 경쟁을 직면하고 있다.

syndrome [ˈsɪn.droʊm]	**n.** 증후군, 증상 Down's syndrome 다운 증후군 This syndrome usually affects children under twelve. 이 증후군은 대개 12 세 미만의 어린이들에게 나타난다.

Check-up Test

1 - 10. 우리말은 영어로 영어는 우리말로 쓰시오.

1. desktop	_____	6. 바이러스	_____
2. wireless	_____	7. 기재, 장비	_____
3. monitor	_____	8. 건반	_____
4. remote	_____	9. 검색 엔진	_____
5. electronic	_____	10. 원격 통신	_____

11 – 15. 빈칸에 알맞은 단어를 보기에서 찾아 쓰시오.

a) browser b) code c) google d) software e) syndrome

11. You need a security _____ to enter the site.

12. What is the most widely used _____ in the world?

13. If you are not sure what it means, you can _____ it.

14. This _____ is associated with fatigue and dizziness.

15. John has worked as a _____ engineer for five years.

16 – 20. 빈칸에 알맞은 단어를 보기에서 찾아 쓰시오.

a) internet b) cell phone c) database d) download e) firewall

16. Our members' addresses are all registered on the _____.

17. The _____ prevents hackers from breaking into your computer.

18. If you need this program, you can _____ it from the internet.

19. I dropped my _____ in water, and the screen stopped working.

20. An old book posted at a(n) _____ auction site was sold at a high price.

21 – 25. 빈칸에 알맞은 단어를 사용하여 문장을 완성하시오 (주관식).

21. I bought a new _____ to replace my old one which I broke accidentally.
나는 실수로 망가진 옛 노트북을 대체하기 위해 새 노트북을 구입했다.

22. With a few _____ clicks, you can get the information you want instantly.
몇 번의 마우스 클릭으로 원하는 정보를 즉시 구할 수 있다.

23. Ancient Greek and Roman cultures have become the _____ of Western Civilization.
고대 그리스와 로마 문화는 서구 문명의 모체가 되었다.

24. _____ provided a new way for individuals to communicate with each other.
소셜 네트웍은 개인들이 서로 소통하는 새로운 방법을 마련했다.

25. We increased security measures to protect our website from _____ attacks.
우리는 사이버 공격에서 웹 사이트를 보호하기 위해 보안 장치를 강화했다.

Part 9

Culture & Society

Society & Economy
사회와 경제

 중요 어휘 Pre-test

Connect words and meanings.
영어 단어와 우리말 뜻을 바르게 연결하시오.

1. bias
2. ethnic
3. tradition
4. discrimination
5. conventional

a) 전통
b) 인습적인
c) 편견, 편향
d) 민족의, 종족의
e) 차별, 차이

Today's Task

How many words do you know?
오늘 학습할 단어입니다. 알고 있는 단어에 √로 표시하시오.

☐ social
☐ custom
☐ mainstream
☐ conventional
☐ value
☐ moral
☐ ethical
☐ freedom
☐ fairness

☐ religion
☐ race
☐ ethnic
☐ culture
☐ bias
☐ discrimination
☐ prejudice
☐ equality
☐ heritage

☐ tradition
☐ growth
☐ recession
☐ trade
☐ inflation
☐ deflation
☐ debt

Pre-test Answer 1. c 2. d 3. a 4. e 5. b

social [ˈsoʊ.ʃəl]	**adj.** 사회의, 사회적인, 사교의 Poverty has now become a social issue. 빈곤은 이제 사회적 문제가 되었다.
custom [ˈkʌs.təm]	**n.** 관습, 습관, 풍습 customary 관례적인, 습관적인 The custom dates back to the 18th century. 이 관습은 18 세기까지 거슬러 올라간다.
mainstream [ˈmeɪn.striːm]	**n.** 주류, 대세 the mainstream media 주류 언론 The film intended to entertain a mainstream audience. 그 영화는 주류 관객들을 즐겁게 하기 위한 것이었다.
conventional [kənˈven.ʃən.əl]	**adj.** 관례적인, 인습적인, 평범한, 재래식의 conventional wisdom 일반 통념 A conservative man prefers a conventional lifestyle. 보수적인 사람은 재래식 생활방식을 선호한다.
value [ˈvæl.juː]	**n.** 가치, (**pl.** values) 가치관 **v.** 소중히 여기다, 중요시하다 The value of health cannot be overemphasized. 건강의 가치는 아무리 강조해도 지나치지 않다.
moral [ˈmɔr·əl]	**n.** 우의, 교훈, (**pl.** morals) 도덕, 윤리 **adj.** 도덕상의, 도덕적인, 교훈적인 The moral of this story is that hard work is rewarded. 이 이야기의 교훈은 노력은 보상받는다는 것이다.
ethical [ˈeθ.ɪ.kəl]	**adj.** 도덕적인, 윤리적인, 도덕과 관련된 We have an ethical obligation to protect our environment. 우리는 환경을 보호해야 하는 윤리적 의무가 있다.

freedom
[ˈfriː.dəm]

n. 자유, 자주, 해방, 면제
They are fighting for freedom of speech.
그들은 언론의 자유를 위해 싸우고 있다.

freedom

fairness
[ˈfer.nəs]

n. 공정, 공평
For the sake of fairness, we will investigate the case again.
공정성을 위해, 우리는 그 사건을 다시 조사할 것이다.

religion
[rɪˈlɪdʒ.ən]

n. 종교, 신앙
Religion exerts a strong influence on our society.
종교는 우리 사회에 큰 영향을 끼친다.

religion

race
[reɪs]

n. 인종, 민족; 경주, 경쟁
Different cultures and races often conflict with each other.
다른 문화와 종족들은 종종 서로 충돌한다.

ethnic
[ˈeθ.nɪk]

adj. 민족의, 종족의
ethnic minority 소수 민족
ethnicity 민족성
Ethnic conflicts are increasing rapidly in this area.
이 지역에서는 인종간의 충돌이 급격히 증가하고 있다.

culture
[ˈkʌl.tʃɚ]

n. 문화, 재배
v. 배양하다 (cultivate)
There is a close relationship between culture and language.
문화와 언어 사이에는 밀접한 관계가 있다.

bias
[ˈbaɪ.əs]

n. 편견, 편향, 치우침
racial bias 인종적 편견
We have to consider all candidates without bias.
우리는 모든 지원자들을 편견 없이 고려해야 합니다.

discrimination
[dɪ͵skrɪm.əˈneɪ.ʃən]

n. 차별, 차이

He spent his whole life fighting against racial discrimination.

그는 인종 차별과 싸우는 데 일생을 보냈다.

prejudice
[ˈpredʒ.ə.dɪs]

n. 편견, 선입견

He has a prejudice against pop music.

그는 대중 음악에 대해 편견을 갖고 있다.

equality
[iˈkwɑː.lə.t̬i]

n. 평등, 균등, 균형

Freedom and equality are fundamental principles of democracy.

자유와 평등은 민주주의의 기본 원칙이다.

equality

heritage
[ˈher.ɪ.t̬ɪdʒ]

n. 유산, 전통, 혈통

Athens has a rich cultural heritage.

아테네는 풍부한 문화 유산을 보유하고 있다.

tradition
[trəˈdɪʃ.ən]

n. 전통, 관습

We have to respect our old traditions.

우리는 우리의 옛 전통을 존중해야 합니다.

growth
[groʊθ]

n. 성장, 증가, 상승

Economic growth has dropped sharply this year.

올해 경제 성장은 급격하게 떨어졌다.

growth

recession
[rɪˈseʃ.ən]

n. 불경기, 불황, 경기 침체

Many companies went bankrupt during the recession.

불경기 중에 많은 기업들이 도산했다.

trade
[treɪd]

n. 거래, 교역, 무역
v. 거래하다, 교역하다
Trade between Korea and
Vietnam has been steadily
growing.
한국과 베트남의 교역은 점진적으로
증가하고 있다.

trade

inflation
[ɪnˈfleɪ.ʃən]

n. 인플레이션, 통화 팽창, 물가 인상
The government is trying to keep inflation down.
정부는 인플레이션을 줄이려 애쓰고 있다.

deflation
[dɪˈfleɪ.ʃən]

n. 디플레이션, 물가 하락, 통화 수축
Experts expect Japan will get out of deflation
soon.
전문가들은 일본이 곧 디플레이션에서 벗어날 것으로 예상
한다.

debt
[det]

빚, 부채, 채무
His debt is more than he can pay.
그의 빚은 그가 지불할 수 있는 것보다 많다.

Check-up Test

1 – 10. 우리말은 영어로 영어는 우리말로 쓰시오.

1. ethical	_____	6. 빚, 채무	_____
2. moral	_____	7. 사회의, 사회적인	_____
3. ethnic	_____	8. 통화 팽창	_____
4. fairness	_____	9. 통화 수축	_____
5. conventional	_____	10. 경기 침체	_____

11 – 15. 빈칸에 알맞은 단어를 보기에서 찾아 쓰시오.

a) heritage   b) value   c) culture   d) religion   e) bias

11. The villagers had a _____ against strangers.

12. James is interested in studying Greek _____.

13. There is no freedom of _____ in some countries.

14. The ancient castle is part of our national _____.

15. Americans _____ freedom more than anything else.

16 – 20. 빈칸에 알맞은 단어를 보기에서 찾아 쓰시오.

a) races   b) freedom   c) custom   d) prejudice   e) mainstream

16. Electronic music has become a part of _____ music.

17. It is a _____ to celebrate Christmas in the western world.

18. Many different cultures and _____ coexist in the United States.

19. Societies cannot function properly without _____ of speech.

20. Before making any decision, you should be free from _____.

21 – 25. 빈칸에 알맞은 단어를 사용하여 문장을 완성하시오 (주관식).

21. The _____ balance has been in deficit for the past two years.
지난 2 년 동안 무역 수지가 적자를 내고 있다.   * in deficit 적자의

22. There should be _____ for everyone regardless of their race and gender.
인종과 성별에 관계없이 모든 사람들은 평등해야 한다.

23. Halloween _____ date back thousands of years to the ancient Celtic festival.
할로윈 전통은 수 천 년 전 고대 켈트족의 축제로 거슬러 간다.

24. We should make every effort to abolish all kinds of _____ in our society.
우리는 사회에서 모든 종류의 차별을 제거하기 위해 모든 노력을 해야 한다.

25. Population _____ continues to rise in Africa, while it slows in the rest of the world.
다른 세계에서는 속도가 완화되고 있는 반면, 아프리카에서는 인구 증가율이 계속 오르고 있다.

Politics & Law
정치와 법률

중요 어휘 Pre-test

Connect words and meanings.
영어 단어와 우리말 뜻을 바르게 연결하시오.

1. sue   a) 증거
2. poll   b) 지명
3. election   c) 여론조사
4. evidence   d) 소송하다
5. nomination   e) 선거, 투표

Today's Task

How many words do you know?
오늘 학습할 단어입니다. 알고 있는 단어에 √로 표시하시오.

☐ political party   ☐ nomination   ☐ jury
☐ ideology   ☐ democracy   ☐ plead
☐ campaign   ☐ poll   ☐ court
☐ government   ☐ election   ☐ lawsuit
☐ partisan   ☐ lame duck   ☐ sentence
☐ bipartisan   ☐ guilty   ☐ verdict
☐ left-wing   ☐ sue   ☐ witch hunt
☐ right-wing   ☐ evidence
☐ lobby   ☐ trial

Pre-test Answer   1. d   2. c   3. e   4. a   5. b

political party
[pəˈlɪt.ə.kəl ˈpɑːr.t̬i]

n. 정당

Two political parties have dominated French politics for decades.
프랑스에서는 두 개의 정당이 수 십년동안 프랑스 정치를 지배해왔다.

ideology
[ˌaɪ.diˈɑː.lə.dʒi]

n. 이념, 사상, 이데올로기

The party is advocating a socialist ideology.
그 당은 사회주의 이념을 주창한다.

campaign
[kæmˈpeɪn]

n. 캠페인, 조직적 활동, 선거 운동, 광고
v. 캠페인을 벌이다

They started a campaign for energy saving.
그들은 에너지 절약을 위한 캠페인을 시작했다.

government
[ˈɡʌv.ən.mənt]

n. 정부, 정권, 국가

local government 지방 정부 central government 중앙 정부
The government's policy on education evoked strong opposition.
정부의 교육 정책은 강한 반대를 불러일으켰다.

partisan
[ˈpɑːr.t̬ə.zən]

adj. 편파적인, 당파적인, 당파심이 강한
n. 지지자, 신봉자

He is a passionate partisan of the communist party.
그는 공산당의 열렬한 지지자이다.

bipartisan
[ˌbaɪˈpɑːr.t̬ə.zən]

adj. 양당의, 초당파적인

bipartisanship 양당주의, 초당파주의
In a bipartisan system, third parties rarely win seats in congress.
양당 제도에서는 제 3 당은 국회에서 의석을 거의 갖지 못한다.

left-wing
[ˌleft ˈwɪŋ]

adj. 좌익의, 좌파의 / **n.** 좌익, 좌파

The union plans to hold a rally with a left-wing party.
노동 조합은 한 좌익 정당과 함께 집회를 계획한다.

right-wing
[ˌraɪt ˈwɪŋ]

adj. 우익의, 온건파의
Right-wing groups staged a demonstration in the main square.
우익 단체들이 주 광장에서 시위를 벌였다.

lobby
[ˈlɑː.bi]

n. 로비, 압력단체; 휴게실
v. 로비를 하다, 영향력을 행사하다
The environmental groups are lobbying for higher subsidies.
환경단체들이 더 높은 보조금을 받기 위해 로비를 하고 있다.

nomination
[ˌnɑm·əˈneɪ·ʃən]

n. 지명, 임명, 추천, 후보에 오름
Hillary won the nomination as Democratic candidate in 2016.
힐러리는 2016 년 민주당 후보로 지명되었다.

democracy
[dɪˈmɒk.rə.si]

n. 민주주의, 민주국가
The world's first democracy began in Athens in 510 BC.
세계 최초의 민주주의는 기원전 510년 아테네에서 시작되었다.

poll
[poʊl]

n. 여론조사, 설문
According to polls, the recession is our main concern.
여론조사에 의하면, 경기 침체가 우리의 주된 관심사이다.

election
[iˈlek.ʃən]

n. 선거, 투표
He has little chance of winning the election.
그는 선거에 이길 가능성이 거의 없다.

election

lame duck
[ˌleɪm ˈdʌk]

n. 레임 덕, 임기 말기의 정치인이나 정부
lame duck syndrome 레임덕 현상, 권력누수현상
Being a lame duck president, he is limited in what he can do.
레임 덕 대통령으로서, 그는 자신이 할 수 있는 일의 한계가 있다.

guilty
[ˈgɪl.ti]

adj. 유죄의, 죄책감을 느끼는
Everyone is innocent until proved guilty.
죄가 입증되기 전까지는 누구나 무죄이다.

---

sue
[suː]

v. 고소하다, 소송을 제기하다
An actress sued the newspaper for defamation.
한 여배우가 신문사를 명예훼손으로 고소했다.

---

evidence
[ˈev.ə.dəns]

n. 증거, 단서
There is no evidence to prove his guilt.
그의 죄를 입증할 증거가 없다.

evidence

---

trial
[traɪəl]

n. 재판, 공판, 시도, 실험
He will go on trial next week.
그는 다음 주 재판을 받을 것이다.

trial

---

jury
[ˈdʒʊr.i]

n. 배심원단, 심사위원
The jury reached a unanimous verdict on the case.
배심원단은 그 사건에 대해 만장일치의 평결을 내렸다.

---

plead
[pliːd]

n. 애원, 간청, 답변
v. 애원하다, 변호하다, (법정에서 피고가) 답변하다, 답변서를 제출하다
plead not guilty 무죄라고 답변하다
He pleaded not guilty to the bribery charges.
그는 뇌물 수수 혐의에 대해 무죄라고 답변했다.

---

court
[kɔːrt]

n. 법원, 법정
supreme court 대법원
kangaroo court 인민 재판, 불법 재판
The court declared her innocent.
법원은 그녀에게 무죄를 선고했다.

lawsuit
[ˈlɑː.suːt]

n. 소송, 고소
civil lawsuit 민사 소송
file a lawsuit against … 을 상대로 소송을 제기하다
A girl filed a lawsuit against Apple.
한 소녀가 애플사를 상대로 소송을 재기했다.

sentence
[ˈsen.təns]

n. 선고, 판결, 형벌
v. 판결을 내리다, … 의 형을 선고하다
He was sentenced to 10 years in prison.
그는 10 년 형의 선고를 받았다.

sentence

verdict
[ˈvɝː.dɪkt]

n. 평결, 결정, 의견
The verdict was overruled by the High Court.
그 평결은 고등 법원에서 기각되었다.

witch hunt
[ˈwɪtʃ ˌhʌnt]

n. 마녀 사냥, 정적에 대한 박해
She has become a victim of a political witch-hunt.
그녀는 정치적 마녀 사냥의 희생자가 되었다.

Check-up Test

1 – 10. 우리말은 영어로 영어는 우리말로 쓰시오.

1. partisan	_____	6. 여론조사	_____
2. left-wing	_____	7. 배심원단	_____
3. right-wing	_____	8. 선고, 판결	_____
4. bipartisan	_____	9. 마녀 사냥	_____
5. democracy	_____	10. 정부, 정권	_____

11 – 15. 빈칸에 알맞은 단어를 보기에서 찾아 쓰시오.

a) trial b) sue c) court d) lawsuit e) campaign

11. A bad compromise is better than a good _____.

12. The _____ sentenced him to 10 years imprisonment.

13. A man will go on _____ next month over alleged murder.

14. The city began a _____ to protect our environment.

15. He is going to _____ the company for breach of contract.

16 – 20. 빈칸에 알맞은 단어를 보기에서 찾아 쓰시오.

a) plead b) election c) lobby d) evidence e) ideologies

16. We need some concrete _____ to take legal action.

17. The Republicans and the Democrats have different _____.

18. The _____ results will be announced by 6 a.m. tomorrow.

19. He hired one of the best lawyers in the country to _____ his case.

20. Farmers organized a _____ to ban the import of agricultural products.

21 – 25. 빈칸에 알맞은 단어를 사용하여 문장을 완성하시오 (주관식).

21. He made a speech accepting the _____ of prime minister.
그는 수상 직 임명을 수락하는 연설을 했다.

22. The court found him _____ and sentenced him to life imprisonment.
법정은 그를 유죄로 판단하고 종신형을 선고했다.

23. The jury announced their _____ today after three days of deliberations.
배심원단은 3 일 동안의 심의 후에 그들의 평결을 발표했다.

24. In a bipartisan system, two major _____ dominate the political scene.
양당 제도 하에서는 두 개의 주된 정당이 정치 현장을 지배한다.

25. The term _____ refers to an elected official who soon will be leaving office.
레임 덕은 곧 자리를 떠나게 되는 선출된 관리를 언급하는 용어이다.

Part 9 Culture & Society

History & Religion
역사와 종교

중요 어휘 Pre-test

Connect words and meanings.
영어 단어와 우리말 뜻을 바르게 연결하시오.

1. faith
2. confess
3. ancestor
4. revolution
5. monument

a) 혁명
b) 조상
c) 믿음
d) 기념비
e) 고백하다

Today's Task

How many words do you know?
오늘 학습할 단어입니다. 알고 있는 단어에 √로 표시하시오.

☐ ancient
☐ archaic
☐ ancestor
☐ prehistoric
☐ middle ages
☐ iron age
☐ bronze age
☐ mythology
☐ castle

☐ kingdom
☐ dynasty
☐ monument
☐ civilization
☐ empire
☐ feudal
☐ revolution
☐ civil war
☐ divine

☐ confess
☐ conversion
☐ faith
☐ goddess
☐ meditate
☐ monk
☐ prophecy

Pre-test Answer 1. c 2. e 3. b 4. a 5. d

ancient [ˈeɪn.ʃənt]	adj. 고대의, 옛날의, 아주 오래된 The temple was built in ancient times. 저 사원은 고대에 지어졌다.	ancient

archaic [ɑːrˈkeɪ.ɪk]	adj. 낡은, 고풍의, 원시적인 The rule is archaic and needs changing. 그 규칙은 낡아서 바꿔야 한다.

ancestor [ˈæn.ses.tɚ]	n. 조상, 선조, 원형, 전신 His ancestors came to the United States 200 years ago. 그의 조상들은 200 년 전에 미국으로 왔다.

prehistoric [ˌpriː.hɪˈstɔːr.ɪk]	adj. 선사시대의, 역사 이전의 시대에 속한 Human beings lived in dark caves in prehistoric times. 인간은 선사시대에 어두운 동굴 속에서 살았다.

middle ages [ˈmɪd.əl ˌeɪ.dʒɪz]	n. 중세 Knights had a high social status in the Middle Ages. 중세 시대는 기사가 높은 사회적 지위를 가졌다.

iron age [ˈaɪrn ˌeɪdʒ]	n. 철기 시대 stone age 석기 시대 These tools date from the Iron Age. 이 도구들은 철기 시대에 만들어진 것이다.

bronze age [ˈbrɑːnz ˌeɪdʒ]	n. 청동기 시대 Bronze Age civilizations 청동기 시대 문명 Iron was rare during the Bronze Age. 청동기 시대에는 철이 귀했다.

Part 9 Culture & Society

mythology
[mɪ'θɑː.lə.dʒi]

n. 신화, 근거 없는 믿음

In Greek mythology, Poseidon, the god of the sea was a brother of Zeus.

그리스 신화에서 바다의 신, 포세이돈은 제우스와 형제이다.

castle
['kæs.əl]

n. 성, 궁궐, 대저택

There still remains the ruins of a castle.

그곳에는 여전히 성의 유적이 남아있다.

Soldiers built a moat to encompass the castle.

병사들은 성을 둘러싸는 호를 지었다.

* moat 성 주위를 에워싼 못

castle

kingdom
['kɪŋ.dəm]

n. 왕국, 왕조

When the king dies, his eldest son will rule over the kingdom.

왕이 죽으면, 그의 장자가 왕국을 통치할 것이다.

dynasty
['daɪ.nə.sti]

n. 왕조, 시대, 지배자 층

The Lee dynasty lasted for about 500 years.

이씨 왕조는 약 500 년 동안 지속되었다.

monument
['mɑːn.jə.mənt]

n. 기념비, 유적, 표지, 역사적 건축물

They built a monument to honor the great writer.

그들은 위대한 작가를 추도하기 위해 기념비를 건설했다.

monument

civilization
[ˌsɪv.əl.ə'zeɪ.ʃən]

n. 문명, 문명 사회

Ancient India is one of the oldest civilizations in the world.

고대 인도는 세계에서 가장 오래된 문명 중의 하나이다.

empire
['em.paɪr]

n. 제국, 왕국, 거대 기업

a colonial empire 식민지 제국 / Byzantine Empire 비잔틴 제국

The Roman Empire lasted for over 1000 years.

로마 제국은 1000 년 이상 존속했다.

feudal [ˈfjuː.dəl]	**adj.** 봉건적인, 봉건 제도의
	feudal aristocracy 봉건 귀족제
	In the feudal system, the king owned all the available land.
	봉건 제도에서는, 왕이 이용 가능한 모든 땅을 소유한다.
revolution [ˌrev.əˈluː.ʃən]	**n.** 혁명, 혁신, 변혁
	The Industrial Revolution began in Britain in the 1780s.
	산업 혁명은 영국에서 1780 년대에 시작되었다.
civil war [ˌsɪv.əl ˈwɔːr]	**n.** 내전, 내란, 미국의 남북 전쟁
	Many soldiers died in the civil war.
	많은 군인들이 내전에서 사망했다.
	The American Civil War took place from 1861 to 1865.
	미국의 남북 전쟁은 1861 년에서 1865 년까지 일어났다.
divine [dɪˈvaɪn]	**adj.** 신의, 신성한
	To err is human, to forgive divine.
	실수는 인간의 것이며, 용서는 신의 것이다. (속담)
confess [kənˈfes]	**v.** 고백하다, 자백하다, 인정하다
	confession 자백, 고백, 진술
	God will forgive you if you confess your sins.
	만약 너의 죄를 고백하면 신이 너를 용서할 것이다.
	He made a false confession during the trial.
	그는 재판 중에 거짓 진술을 했다.
conversion [kənˈvɜː.ʒən]	**n.** 전향, 개종, 전환, 개조
	Everyone was surprised at her conversion to Islam.
	그녀의 이슬람교로의 개종은 모든 사람들을 놀라게 했다.
faith [feɪθ]	**n.** 믿음, 신앙, 신념
	I have no faith in Chinese medicine.
	나는 한의학에 대한 믿음이 없다.

faith

goddess
['gɑː.des]

n. 여신

In Greek mythology, Aphrodite is the goddess of love and beauty.
그리스 신화에서, 아프로디테는 사랑과 미의 여신이다.

goddess

meditate
['med.ə.teɪt]

v. 명상하다, 숙고하다, 계획하다, 꾀하다

meditation 명상 meditative 명상적인, 생각에 잠긴
He meditated on his past life.
그는 자신의 과거에 관해 묵상했다.

monk
[mʌŋk]

n. 중, 수도승

I saw monks meditating in the forest.
나는 숲에서 수도승들이 명상하고 있는 것을 보았다.

prophecy
['prɑː.fə.si]

n. 예언, 예측

prophet 예언자, 선지자
Some believe that his prophecy will be fulfilled in the future.
어떤 사람들은 그의 예언이 미래에 실현될 것으로 믿고 있다.

Check-up Test

1 - 10. 우리말은 영어로 영어는 우리말로 쓰시오.

1. feudal	_____	6. 수도승	_____
2. civil war	_____	7. 여신	_____
3. iron age	_____	8. 왕국	_____
4. bronze age	_____	9. 문명	_____
5. middle ages	_____	10. 선사 시대의	_____

11 - 15. 빈칸에 알맞은 단어를 보기에서 찾아 쓰시오.

a) confess b) archaic c) ancestor d) faith e) prophecy

11. I still have _____ in his ability.

12. His warning is a possibility rather than a _____.

13. The _____ style of the building fascinated every visitor.

14. The detective persuaded the suspect to _____ his crime.

15. Scientists think that these animals evolved from a single _____.

16 - 20. 빈칸에 알맞은 단어를 보기에서 찾아 쓰시오.

a) castle b) revolution c) meditate d) mythology e) conversion

16. The farmhouse is undergoing _____ into apartments.

17. We decided to _____ on the matter for a few more days.

18. The _____ was built on an island surrounded by a deep lake.

19. A new _____ will take place in technology sooner or later.

20. In Egyptian _____, Isis is the goddess of healing and rebirth.

21 - 25. 빈칸에 알맞은 단어를 사용하여 문장을 완성하시오 (주관식).

21. _____ Rome is one of the great civilizations of world history.
고대 로마는 세계사에서 가장 위대한 문명 중의 하나였다.

22. The _____ was built in memory of those who died in the war.
이 기념비는 전사자들을 추모하기 위해 건설되었다.

23. Some people thought that the epidemic was a _____ punishment.
어떤 사람들은 그 전염병이 하늘이 내린 벌이라고 생각했다.

24. The _____ was founded in 1200 and ruled over the country for centuries.
그 왕조는 1200 년에 설립되었고 여러 세기 동안 그 나라를 통치했다.

25. The Incas established an _____ which was the largest in pre-Columbian America.
잉카족들은 콜럼버스 이전 시대의 가장 큰 제국을 설립했다.

Part 10

Directions & Quantities

Directions & Locations
방향과 위치

 중요 어휘 Pre-test | Connect words and meanings.
영어 단어와 우리말 뜻을 바르게 연결하시오.

1. beyond   a) 인접한
2. adjacent   b) 넘어서
3. opposite   c) 로터리
4. roundabout   d) 교차로
5. intersection   e) 반대쪽의

 Today's Task | How many words do you know?
오늘 학습할 단어입니다. 알고 있는 단어에 √로 표시하시오.

☐ left   ☐ outside   ☐ opposite
☐ right   ☐ near   ☐ intersection
☐ straight   ☐ adjacent   ☐ traffic circle
☐ backward   ☐ behind   ☐ junction
☐ over   ☐ between   ☐ go through
☐ below   ☐ around   ☐ go along
☐ beyond   ☐ in front of ☐ go across
☐ beneath   ☐ on top of
☐ inside   ☐ back

Pre-test Answer   1. b   2. a   3. e   4. c   5. d

Directions & Quantities   Part 10

left [left]	**adj.** 왼쪽의, 좌측의, 좌파의 **n.** 왼쪽, 좌파 He slowly turned the wheel to the left. 그는 자동차 핸들을 천천히 왼쪽으로 돌렸다.	left
right [raɪt]	**adj.** 오른쪽의, 우측의, 옳은, 올바른 **n.** 오른쪽, 우익, 보수주의자 Can you move the picture a little to the right? 그림을 오른쪽으로 조금 움직여 주시겠습니까?	right
straight [streɪt]	**adj.** 곧은, 똑바른 **adv.** 똑바로, 직선으로 Keep going straight until you get to an intersection. 교차로에 도달하기 전까지 직진하세요.	
backward [ˈbæk.wəd]	**adj.** 뒤로, 거꾸로, 반대 방향으로 He took a step backward. 그는 뒤로 한 발짝 물러났다.	
over [ˈoʊ.və]	**prep.** 위에, 위로 First, cross over the bridge and turn left. 먼저 다리를 건너고 그리고 좌회전하세요.	
below [bɪˈloʊ]	**prep.** 아래의, 이하의, (위치, 수준, 또는 등급이) 낮은 **adv.** 아래에 The temperature will go down below freezing tonight. 오늘 밤은 기온이 영하로 떨어질 것이다.	
beyond [biˈjɑːnd]	**prep.** 넘어서, 지나 **adv.** 그 너머에, 그 이후 The ship disappeared beyond the horizon. 배는 수평선 너머로 사라졌다.	

beneath [bɪˈniːθ]	prep. 아래, 밑에 We found a wooden box buried beneath a pile of leaves. 우리는 낙엽 더미 아래 묻혀 있는 나무 상자를 발견했다.
inside [ɪnˈsaɪd]	prep. 안에, 내부에 / adv. 안으로 Stay inside until I come back. 내가 돌아올 때까지 안에 있어.
outside [ˈaʊt.saɪd]	prep. 겉, 밖, 바깥쪽 adv. 외부의, 겉면의, 바깥쪽의 Let's go outside and see what's happening. 밖으로 나가 무슨 일인지 보자. Hundreds of people were lining up outside the theater to buy tickets. 수백 명의 사람들이 극장 밖에서 표를 사기 위해 줄을 서있었다.
near [nɪr]	prep. 근처에, 가까이에 adj. 근처의, 가까운, 인접한 adv. 가까이 Please drop me near a subway station. 지하철 역 근처에 나를 내려 주세요.
adjacent [əˈdʒeɪ.sənt]	adj. 인접한, 이웃의, 부근의 My house is adjacent to the lake. 우리 집은 호수 근처에 있다.
behind [bɪˈhaɪnd]	prep. 뒤에, 배후에, 너머에 adj. 뒤의, 후방의 adv. 뒤에, 이면에, 뒤처진 The boy was hiding behind a bush. 소년은 덤불 뒤에 숨었다.
between [bɪˈtwiːn]	prep. 사이에, 중간에 I don't see much difference between the two options. 나는 그 두 가지 선택 사항들 간에 큰 차이를 느끼지 못한다.

between

around [əˈraʊnd]	**prep.** 주변에, 주위에, 둘레에 The farmer built a barbed wire fence around his farm. 농부는 자신의 농장 둘레에 철조망 울타리를 쳤다.
in front of [frʌnt]	**prep.** … 의 앞에, 정면에 There was a maple tree in front of the house. 그 집 앞에 단풍나무가 한 그루 있었다.
on top of [tɑːp]	**prep.** … 위에, … 에 더하여 I saw a house standing on top of the hill. 나는 언덕 위에 지어져 있는 집을 보았다. **on top of**
back [bæk]	**adj.** 뒤쪽의, 뒤에, 과거의 **adv.** 뒤로, 과거로 There is a parking lot in the back of the building. 건물 뒤에 주차장이 있다. * 신체를 나타내는 등 또는 등뼈의 의미로도 사용됨 (Day 8 참고)
opposite [ˈɑː.pə.zɪt]	**prep.** 맞은편의, 반대쪽의 **adj.** 상반되는, 반대의 A sandwich shop is opposite the park. 샌드위치 가게는 공원 맞은 편에 있다.
intersection [ˌɪn.t̬ɚˈsek.ʃən]	**n.** 교차로, 교차 지점 You should take a right turn at the next intersection. 다음 교차로에서 우회전해야 합니다. **intersection**
traffic circle [ˈtræf.ɪk ˌsɝː.kəl]	**n.** 로터리 Statistically speaking, traffic circles are safer than intersections. 통계적으로 말하면, 로터리가 교차로보다 안전하다.

junction
[ˈdʒʌŋk.ʃən]

n. 교차로, 나들목, 분기점, 연결 지점
T junction T자형 교차로
Slow down. We are approaching a junction.
속도를 낮추세요. 교차로에 접근하고 있어요.

go through
[θruː]

v. 통과하다, 겪다, 검토하다
Go through the tunnel and follow the path.
터널을 통과해서 길을 따라 가세요.

go along
[əˈlɑːŋ]

v. 따라가다, 동행하다
I will go along with you.
당신과 함께 가겠습니다.
The road goes along the river bank.
도로는 강둑을 따라 나 있다.

go across
[əˈkrɑːs]

v. 건너다, 횡단하다
We have to go across the river to get to the village.
그 마을에 가려면 강을 건너야 합니다.

Check-up Test

1 - 10. 우리말은 영어로 영어는 우리말로 쓰시오.

1. near	_____	6. 왼쪽	_____
2. below	_____	7. 오른쪽	_____
3. between	_____	8. 똑바른	_____
4. beneath	_____	9. 반대쪽의	_____
5. traffic circle	_____	10. 교차로	_____

11 – 15. 빈칸에 알맞은 단어를 보기에서 찾아 쓰시오.

a) back   b) inside   c) around   d) adjacent   e) junction

11. The village is _____ to the river.

12. I have to go _____ to London next week.

13. We have to join the motorway at the next _____.

14. He removed the lid and looked _____ the box.

15. The detective looked _____ the room carefully.

16 – 20. 빈칸에 알맞은 단어를 보기에서 찾아 쓰시오.

a) beyond   b) backward   c) in front of   d) on top of   e) go through

16. He ran away without a _____ glance.

17. All passengers should _____ airport security.

18. The car was damaged _____ repair in the accident.

19. We have to cut down the trees _____ the building.

20. You can see the entire view of the city _____ the tower.

21 – 25. 빈칸에 알맞은 단어를 사용하여 문장을 완성하시오 (주관식).

21. We are _____ schedule, so we have no time to waste.
우리는 일정보다 늦어진 상태인지라 낭비할 시간이 없습니다.

22. When a boy leaped _____ the fence, all the rest followed.
한 아이가 담을 넘자, 나머지 아이들도 모두 따라했다.

23. When I was _____(ing) the street, I heard someone call my name.
내가 도로를 건너려고 할 때, 누군가가 내 이름을 부르는 것을 들었다.

24. If you _____ this street for one more block, you'll find a bakery on your left.
이 길을 따라 한 블록 더 가시면 당신의 왼쪽에 제과점을 찾을 수 있습니다.

25. Thousands of people who couldn't get tickets were gathering _____ the stadium.
표를 구하지 못한 많은 사람들이 스타디움 밖에 모여 있었다.

Quantities & Qualities
양과 질

중요 어휘 Pre-test

Connect words and meanings.
영어 단어와 우리말 뜻을 바르게 연결하시오.

1. even
2. density
3. subtract
4. capacity
5. accumulate

a) 축적하다
b) 능력, 용량
c) 밀도, 농도
d) 평평한, 고른
e) 빼다, 공제하다

Today's Task

How many words do you know?
오늘 학습할 단어입니다. 알고 있는 단어에 √로 표시하시오.

☐ amount
☐ capacity
☐ quantity
☐ quality
☐ density
☐ scale
☐ level
☐ degree
☐ huge

☐ enormous
☐ high
☐ equal
☐ even
☐ enough
☐ roughly
☐ considerable
☐ every other
☐ sum

☐ count
☐ supply
☐ measure
☐ accumulate
☐ estimate
☐ subtract
☐ overdose

Directions & Quantities   Part 10

Pre-test Answer   1. d   2. c   3. e   4. b   5. a

amount
[əˈmaʊnt]

n. 양, 액수, 총액, 총계
v. (총계가) … 이 되다, … 에 달하다
The company's debts amount to ten million dollars.
그 회사의 빚은 천만 달러에 달한다.

capacity
[kəˈpæs.ə.t̬.i]

n. 능력, 수용력, 가능성, 용량
The hall has a seating capacity of 500 people.
그 강당은 500 명의 인원을 앉힐 수 있다.

quantity
[ˈkwɑːn.t̬.ə.t̬.i]

n. 양, 수량
There is only a small quantity of food left.
음식 양이 조금 밖에 남지 않았다.

quality
[ˈkwɑː.lə.t̬.i]

n. 질, 품질, 특성
Quality is more important than quantity.
질은 양보다 더 중요하다.

density
[ˈden.sə.t̬.i]

n. 밀도, 농도
Seoul has a high population density.
서울은 인구 밀도가 높다.

scale
[skeɪl]

n. 규모, 범위, 척도, 등급, 저울
scale up (규모를) 확대하다, 늘이다
The research team is carrying out a large scale project.
연구팀은 대규모 프로젝트를 수행 중이다.

level
[ˈlev.əl]

n. 수준, 정도, 높이
level up 상향 조정하다
level with someone 사실을 말하다, 털어놓다
on the level 정직한, 합법적인
Global warming causes sea levels to rise.
지구 온난화는 해수면을 상승하게 한다.

level

degree
[dɪˈgriː]

n. (각도 또는 온도의 단위) 도, 정도
In spring, the temperature ranges from 10 to 25 degrees.
봄에는 기온이 10 도에서 25 도 사이이다.
* 학위를 의미하는 단어로도 사용될 수 있다. (Day 14 참고)

degree

---

huge
[hjuːdʒ]

adj. 큰, 거대한
You are now making a huge mistake.
당신은 큰 실수를 하고 있는 겁니다.

---

enormous
[əˈnɔːr.məs]

adj. 엄청난, 막대한, 거대한
He left his daughters an enormous fortune.
그는 딸들에게 엄청난 재산을 남겼다.

---

high
[haɪ]

adj. 높은, 많은
They planned to build a tower 300 meters high.
그들은 300 미터 높이의 탑을 건설하기로 계획했다.

---

equal
[ˈiː.kwəl]

adj. 평등한, 동등한, 같은
Everyone has an equal opportunity to succeed in life.
모든 사람들은 인생에서 성공할 수 있는 동등한 기회를 갖는다.

---

even
[ˈiː.vən]

adj. 평평한, 평탄한, 반반한, 고른
adv. 더욱, 한층, … 조차도
I think we are even now.
이제 우리는 서로 빚진 것이 없다. (동점이다, 피장파장이다)
Even a child can solve the question.
그 문제는 아이들조차도 풀 수 있다.

---

enough
[əˈnʌf]

adv. 충분히, 충분한
The boy is old enough to do it by himself.
그 소년은 그것을 혼자서 할 수 있을 정도로 충분히 성장했다.

roughly
[ˈrʌf.li]

adv. 대략, 거의
The Philippines is made up of roughly more than 7,000 islands.
필리핀은 대략 7000 개 이상의 섬들로 구성된다.

considerable
[kənˈsɪd.ɚ.ə.bəl]

adj. 상당한, 많은, 꽤
The flood caused considerable damage to the village.
홍수는 마을에 상당한 피해를 입혔다.

every other
[ˈev.ri ˈʌð.ɚ]

adj. 하나 걸러서, 둘에 하나
every other week 격주로　every other day 격일로
John visits his parents every other month.
존은 두 달에 한 번씩 부모님을 방문한다.

sum
[sʌm]

n. 합계, 총계, 금액
The sum of 3 and 4 is 7.
3과 4의 합은 7이다.
Ten thousand dollars is a large sum of money.
일 만 달러는 큰 금액이다.

count
[kaʊnt]

v. 세다, 계산하다, 포함시키다, 중요하다
count on 의지하다, 기대다
Don't count your chickens before they are hatched.
부화하기 전에 닭을 세지 말라. (속담: 김칫국부터 마시지 말라.)

count

supply
[səˈplaɪ]

n. 공급, 보급품 / v. 공급하다, 제공하다
This lake supplies drinking water to nearby cities.
이 호수는 인근 도시들에 식수를 공급해준다.

measure
[ˈmeʒ.ɚ]

n. 대책, 조치
v. 측정하다, 평가하다
The doctor measured my blood pressure.
의사는 나의 혈압을 측정했다.

accumulate
[əˈkjuː.mjə.leɪt]

v. 모으다, 비축하다, 축적하다

He accumulated a large fortune by investing in real estate.

그는 부동산에 투자해서 많은 재산을 모았다.

estimate
[ˈes.tə.mət]
[ˈes.tə.meɪt]

n. 추정, 추산, 견적

v. 추정하다, 예상하다, 계산하다, 평가하다

We estimate that the work will cost more than one million dollars.

우리는 그 작업에 백만 달러 이상의 비용이 들 것으로 추정한다.

subtract
[səbˈtrækt]

v. 빼다, 공제하다 (take away)

Children learn how to add, subtract, multiply, and divide at school.

아이들은 학교에서 더하기, 빼기, 곱하기, 그리고 나누기를 배운다.

overdose
[ˈoʊ.və.doʊs]

v. 과다 복용하다, 과잉 투여하다

a drug overdose 약물 과다 복용

He is in the hospital because of a drug overdose.

그는 약물 과다 복용으로 병원에 입원 중이다.

Check-up Test

1 - 10. 우리말은 영어로 영어는 우리말로 쓰시오.

1. even	_____	6. 높은	_____
2. supply	_____	7. 충분한	_____
3. subtract	_____	8. 대략, 거의	_____
4. overdose	_____	9. 밀도, 농도	_____
5. accumulate	_____	10. 능력, 수용력	_____

11 - 15. 빈칸에 알맞은 단어를 보기에서 찾아 쓰시오.

a) count b) level c) scale d) sum e) amount

11. The _____ of six plus three is nine.

12. The child is too young to _____ numbers.

13. This job requires a high _____ of concentration.

14. Germany consumes a large _____ of beer.

15. The military exercise was the largest in _____ since 2010.

16 - 20. 빈칸에 알맞은 단어를 보기에서 찾아 쓰시오.

a) huge b) degree c) quality d) estimate e) quantity

16. I agree with your opinion to a certain _____.

17. Korea imports a large _____ of crude oil every year.

18. He spent a _____ amount of money to repair the building.

19. The company produces the best _____ of milk and cheese.

20. Experts _____ the value of the painting at five million dollars.

21 - 25. 빈칸에 알맞은 단어를 사용하여 문장을 완성하시오 (주관식).

21. The company has taken part in the charity event _____ year.
그 회사는 2 년에 한 번씩 자선 행사에 참여해왔다.

22. The businessman has amassed an _____ fortune in his lifetime.
그 사업가는 일생 동안 엄청난 부를 축척했다.

23. By choosing this option, we can save a _____ amount of money.
이 선택을 함으로써, 우리는 상당한 금액을 절약할 수 있다.

24. A research team is going to _____ the strength of the wind in the area.
한 연구팀이 그 지역의 바람의 강도를 측정하려 한다.

25. We all have the same 24 hours in a day. That's what makes everyone
_____.
우리는 모두 하루에 24 시간을 갖는다. 이것이 바로 우리를 평등하게 만든다.

Appendix

Conjunctions and Relatives
접속사 및 관계사

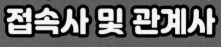

Conjunctions and Relatives
접속사 및 관계사

접속사, 부사, 관계 부사, 관계 대명사 등 문장과 문장을 연결하기 위해 사용되는 어휘에 대해 학습합니다.

- ☐ although
- ☐ while
- ☐ unless
- ☐ in case
- ☐ lest … should
- ☐ even if
- ☐ provided that
- ☐ as long as
- ☐ by the time

- ☐ until
- ☐ whatever
- ☐ whichever
- ☐ whoever
- ☐ wherever
- ☐ likewise
- ☐ besides
- ☐ nevertheless
- ☐ nonetheless

- ☐ otherwise
- ☐ instead
- ☐ accordingly
- ☐ hence
- ☐ meanwhile
- ☐ therefore
- ☐ consequently

although	비록 … 이지만 Although we had not met for years, we recognized each other instantly. 우리는 수 년 동안 만나지 않았지만, 서로를 즉시 알아보았다.
while	… 하는 동안, … 하는 사이 Would you take care of my puppy while I am out? 내가 없는 동안 강아지를 돌봐 주시겠습니까?
unless	… 하지 않는 한, … 한 경우 외에 You don't have to attend the meeting unless you want to. 네가 원하지 않는다면, 그 모임에 참석할 필요는 없다.
in case	만약 … 이면, … 할 경우에 대비해서 Take an umbrella with you in case it rains. 비가 올 경우에 대비해서 우산을 가져가시오.
lest … should	… 하지 않도록 He got up early lest he should miss the train. 그는 기차를 놓치지 않기 위해 일찍 일어났다. Wear warm dresses lest you should catch a cold. 감기에 걸리지 않도록 옷을 따뜻하게 입으세요.
even if	… 일지라도, … 에도 불구하고 We have to meet the deadline even if we have to work overtime. 우리는 초과 근무를 해서라도 마감일을 맞추어야 합니다.
provided that	만약 … 이라면, … 을 전제로 Provided that you give me a discount, I will buy this vehicle. 만약 할인을 해준다면, 이 차를 사겠습니다.

as long as	··· 하는 한
	As long as we are together, we will be safe.
	우리가 함께 하는 한, 안전할 것이다.

by the time	··· 할 무렵, ··· 할 때까지
	By the time you read this letter, I will have already left the country.
	당신이 이 편지를 읽을 무렵에는, 나는 이미 출국을 하고 난 후일 것이다.

until	··· 할 때까지, ··· 까지
	Please wait here until the rescue team arrives.
	구조대가 도착할 때까지 여기서 기다리세요.

whatever	어떤 ··· 일지라도, 무엇일지라도
	Whatever happens, I will be with you.
	어떤 일이 일어나더라도, 나는 당신과 함께 할 것이다.

whichever	어느 것이든, 어느 쪽을 ··· 하든
	It will be a difficult task, whichever option you may choose.
	어떤 옵션을 선택하든, 힘든 작업이 될 것이다.

whoever	누구나, 누가 ··· 하든
	Whoever wins will get the prize money.
	누가 이기든 상금을 받을 것이다.

wherever	어디든, 어디에나
	You can go wherever you want to.
	당신이 원하는 곳은 어디에나 갈 수 있습니다.

likewise

마찬가지로, 역시, 또한, 이와 같이
His second attempt was, likewise, a failure.
그의 두 번째 시도 또한 실패였다.
Likewise, competition is beneficial to students.
마찬가지로, 경쟁은 학생들에게 유익합니다.

besides

게다가, ⋯ 외에, ⋯ 에 더하여
Besides playing tennis, he swims very well.
테니스 치는 것 외에도, 그는 수영을 잘 한다.

nevertheless

그렇지만, 그럼에도 불구하고
Jacob was tired but nevertheless couldn't sleep.
제이콥은 피곤했음에도 불구하고 잠을 잘 수가 없었다.

nonetheless

하지만, 그런데도, 그럼에도 불구하고 (nevertheless)
He was busy yesterday; nonetheless, he came to the party anyway.
그는 어제 바빴지만, 그럼에도 불구하고 파티에 참석했다.

otherwise

그 외에는, 그렇지 않으면
Stick to the rules. Otherwise, you will be disqualified.
규칙을 따르세요. 그렇지 않으면 자격이 상실됩니다.

instead

대신에, ⋯ 하지 않고, 하지만
Instead of going out, I stayed home watching TV.
외출하는 대신에, 나는 집에서 TV를 봤다.

accordingly

따라서, 부응해서, 알맞게
He is a grownup and should act accordingly.
그는 성인이므로 성인답게 행동해야 한다.
As circumstances change, we have to revise our plan accordingly.
상황이 바뀌었으므로, 우리도 그에 따라서 계획을 수정해야 합니다.

hence	그러므로, 따라서, 때문에 This juice has passed the expiration date. Hence, it is not drinkable. 이 주스는 유통기한이 지났다. 따라서 마실 수 없다.
meanwhile	그 동안에, 한편, 반면 Jessica prepared meals; meanwhile, I set the table. 제시카가 음식을 준비하는 동안, 나는 식탁을 차렸다.
therefore	따라서, 그러므로, 그래서 I think, therefore I am. 나는 생각한다, 그러므로 나는 존재한다. (Descartes)
consequently	결과적으로, 따라서 She went on a diet and consequently lost a lot of weight. 그녀는 다이어트를 시작했고 그 결과 체중을 많이 줄였다.

컴팩트
단어장

Part 1 People

Day 1
Family & Relatives 가족

parent	페어런트	부모, 어버이
sibling	씨블링	형제자매, 동기
spouse	스파우스	배우자
husband	허즈번드	남편
wife	와이프	아내, 부인, 처
grandparent	그랜페어런트	조부모, 할아버지 또는 할머니
grandfather	그랜파:더	할아버지
grandmother	그랜마더	조모, 할머니
grandson	그랜썬	손자
granddaughter	그랜도:터	손녀
grandchild	그랜촤일드	손자, 손녀
nephew	네퓨	남자 조카
niece	니:스	여자 조카, 질녀
cousin	커즌	사촌, 친척
uncle	엉클	삼촌, 아저씨
aunt	앤:트	고모, 이모, 숙모, 아주머니
father-in-law	파더인로:	장인, 시아버지
mother-in-law	마더인로:	장모, 시어머니
son-in-law	썬인로:	사위
daughter-in-law	도:터인로:	며느리

stepparent	스텝페어런트	양부모
stepchild	스텝촤일드	양자, 의붓자식
fiancé	피:앙세	약혼자
engage	인게이지	약혼하다, 관여하다, 종사하다
marriage	매리지	결혼, 결혼 생활, 결혼식

Day 2
Friends & Neighbor 친구와 이웃

friend	프렌드	친구, 벗
befriend	비프렌드	친구가 되어 주다, 돕다, 돌보다
acquaintance	어퀘인턴스	아는 사람, 지인, 친지
company	컴퍼니	사귐, 교제, 동행, 회사
companion	컴패니언	동반자, 친구, 동료
pal	팰	친구, (남자) 동료, 친구가 되다
mate	메이트	친구, 동료, 짝, 부부가 되다, 동료가 되다; (동물) 짝을 짓다
patron	페이트런	후원자, 단골, 고객
fellow	펠로우	동료, 회원, 연구원, (친근하게 부르는 호칭) 녀석, 사람
affection	어펙션	애정, 보살핌, 사랑

neighbor	네이버	이웃 사람, 옆 자리 사람, 이웃 나라
neighbor-hood	네이버후드	근처, 인근, 주변, 이웃 사람들
inhabitant	인해비턴트	주민, 서식 동물
relation-ship	릴레이션쉽	관계, 관련, 연관성
respect	리스펙트	존경, 존중, 배려, 경의, 존경하다
faithful	페이스풀	충실한, 신의 있는
mutual	뮤:추얼	상호의, 공동의
trust	트러스트	믿음, 신뢰, 신임, 믿다, 신뢰하다
intimate	인티멋	친밀한, 친숙한, 사적인, 암시하다, 넌지시 알리다
confide	컨파이드	신뢰하다, 신용하다, 비밀을 털어놓다
hang out	행 아웃	어울리다, 놀다
get on with	겟 온 위드	~와 잘 지내다 (someone), ~을 해나가다 (something)
keep in touch	킵 인 터치	연락하다, 연락하고 지내다
fall for	폴 포	~에 반하다, 홀리다, 속다
break up	브레이크 업	헤어지다, 관계를 끊다

Day 3 Jobs 직업

chef	셰프	요리사, 주방장
baker	베이커	제빵사, 빵집 주인
butcher	버쳐	정육점, 정육점 주인
fishmonger	피쉬멍거	생선 장수, 생선 가게
cleaner	클리:너	청소부, 청소기, 세제, 세탁소
barber	바:버	이발사, 이발소
hairdresser	헤어드레서	미용사, 헤어 디자이너, 미용실
flight at-tendant	플라이트 어텐던트	승무원
fireman	파이어맨	소방관(fire-fighter)
policeman	폴리:스먼	남자 경찰관
dentist	덴티스트	치과의사, 치과
doctor	닥:터	의사, 박사
surgeon	서:전	외과의사, 외과 전문의
nurse	널:스	간호사, 간호하다, 치료하다
optician	옵:티션	안경상, 안경 제작자, 안경점
electrician	일렉트리션	전기 기사, 전기 기술자
engineer	엔지니어	기술자, 엔지니어, 공학자
builder	빌더	건설업자, 건축 회사

carpenter	카펜터	목수, 목공
plumber	플러머	배관공
cashier	캐쉬어	계산원, 출납 계원, 회계원
accountant	어카운턴트	회계원, 회계사
lawyer	로:여	법률가, 변호사, 법조인
secretary	세크리터리	비서, 총무, 장관
vet	벳	수의사, 동물병원

Day 4
Job Activities 직업 활동

job	잡:	직업, 일, 직무, 책임
job interview	잡 인터뷰:	취업 면접, 구직 면접
employ	임플로이	고용하다, 쓰다, 이용하다
occupation	아:큐페이션	직업
profession	프로페션	(전문직) 직업, 직종, 직위
application	애플리케이션	지원, 신청, 적용, 응용
apprentice	어프렌티스	견습생, 도제, 수습생
apprenticeship	어프렌티스쉽	견습 기간, 도제의 신분
trainee	트레이니:	직업 훈련생, 수습 직원
colleague	칼:리:그	(직장) 동료, (사업상) 동업자
CV(curriculum vitae)	커리큘럼 비:타이	이력서, 경력서

vacancy	베이컨시	결원, 공석, 빈 객실
full-time	풀타임	정규직의, 전임의, 상근 직의
part-time	파트타임	시간제의, 파트 타임인
salary	샐러리	급여, 월급, 봉급
pay slip	페이 슬립	급여 명세서
wage	웨이지	임금, 급료
wage cut	웨이지 컷	임금 인하, 감봉(pay cut)
raise	레이즈	(임금, 물가 등의) 인상, 상승, 들어 올리다, 일으키다, 인상하다
promotion	프로모션	승진, 진급, 홍보 활동
bonus	보너스	상여금, 특별 수당, 보너스
training	트레이닝	교육, 훈련, 연수
overtime	오버타임	잔업, 초과 근무, 시간외 근무
earn one's living	언 원즈 리빙	생활비를 벌다, 생계를 꾸리다
work in shifts	월크 인 쉬프츠	교대로 일하다, 교대로 근무하다

Part 2 Appearances, Characters & Feelings
Day 5 Appearances 외모

attractive	어트랙티브	매력적인, 매혹적인

handsome	핸썸	잘생긴, 멋진
muscular	머스큘러	근육의, 근육질의
fit	핏	건강한, 적합한, 알맞은, 맞다, 적합하다
obese	오우비:스	살찐, 뚱뚱한, 비만인
thin	씬	얇은, 마른, 가는
slim	슬림	날씬한, 호리호리한, 얇은
slender	슬렌더	가는, 날씬한, 호리호리한 (thin, slim과 동의어)
skinny	스키니	깡마른, 삐쩍마른, 피골이 상접한; (옷 등이) 몸에 딱 붙게 만든
under-weight	언더웨이트	중량이 부족한, 체중 미달인
short	쇼:트	키가 작은, (거리 또는 길이가) 짧은, 부족한
tall	톨:	높은, 키가 큰
bald	볼:드	대머리의, 머리가 벗겨진, 단도직입적인
blond	블론드	금발의
smart	스마:트	말쑥한, 맵시 있는, 영리한
elegant	엘러건트	품격 있는, 우아한
fashion-able	패셔너블	유행의, 유행을 따르는, 패션 감각이 있는

neat	니:트	정돈된, 산뜻한, 말쑥한
tidy	타이디	깔끔한, 잘 정돈된, 정돈하다, 정리하다
unkempt	언켐프트	흐트러진, 단정하지 못한
beard	비어드	수염, 턱수염
mustache	버스태쉬	콧수염
young	영	젊은, 어린, 청년의, 경험이 없는
mid-dle-aged	미들에이지	중년의
elderly	엘덜리	나이 든, 노인의(old의 정중한 표현)

Day 6 Characters 성격

brave	브레이브	용감한, 씩씩한
clever	클레버	똑똑한, 영리한
generous	제너러스	너그러운, 관대한, 아량이 있는
easygoing	이:지고잉	느긋한, 태평스러운, 편안한
friendly	프렌들리	친절한, 다정한, 우호적인
sociable	쏘시어블	사교적인, 붙임성 있는
funny	퍼니	우스운, 재미있는, 유쾌한
talkative	토:커티브	말이 많은, 수다스러운
reliable	릴라이어블	믿을 수 있는, 신뢰할 수 있는

sympathet-ic	심퍼세틱	동정적인, 공감하는, 호의적인
industrious	인더스트리어스	근면한, 부지런한, 노력하는
hard-work-ing	하:드 월:킹	부지런히 일하는, 근면한
lazy	레이지	게으른, 나태한, 느긋한
depend-able	디펜더블	의존할 수 있는, 신뢰할 수 있는
shy	샤이	수줍은, 내성적인, 겁을 먹다, 주춤하다
honest	아:니스트	정직한, 솔직한
polite	폴라이트	정중한, 예의바른, 공손한
popular	파:퓰러	인기 있는, 유명한, 대중적인
rude	루:드	무례한, 거친, 상스러운
bossy	보:씨	거만한, 권위적인
ambitioius	앰비셔스	야심 찬, 의욕적인, 대담한
charisma	카리스마	카리스마, 사람을 휘어잡는 힘, 통솔력
aggressive	어그레시브	공격적인, 적극적인
selfish	셀피쉬	이기적인, 자기 중심적인
impulsive	임펄시브	충동적인, 즉흥적인

Day 7
Feelings & Emotions 감정

anxious	앵셔스	불안한, 염려하는, 걱정스러운
afraid	어프레이드	겁내는, 무서워하는
angry	앵그리	화난, 성난
blue	블루:	우울한, 파란, 푸른
annoy	어노이	귀찮게 하다, 짜증나게 하다
bored	보어드	지루해 하는, 싫증난
cheerful	취어풀	발랄한, 쾌활한, 유쾌한
upset	업셋	속상하게 하다, 속상한, 마음이 상한, 심란한
concerned	컨썬:드	우려하는, 걱정하는, 관심이 있는
depressed	디프레스트	우울한, 낙담한, 의기소침한
fear	피어	무서움, 공포, 두려움, 무서워하다, 두려워하다
grief	그리:프	슬픔, 애도, 비탄
happiness	해피니스	행복, 기쁨, 만족
excited	익싸이티드	신이 난, 들뜬, 흥분한
frightened	프라이튼드	깜짝 놀란, 무서워하는, 겁먹은

satisfied	새티스파 이드	만족한, 흡족 해 하는
dissatisfied	디새티스 파이드	불만인, 불 만스러운, 불 쾌한
jealous	질러스	질투하는, 부 러워하는, 시 기하는
lonely	로운리	혼자인, 외로 운, 쓸쓸한
nervous	널:버스	긴장되는, 불 안한, 초조한, 신경과민의
insult	인썰트	모욕하다, 창 피 주다, 모욕, 모욕적인 언행
panic	패닉	공포, 공황, 겁 에 질리다, 공 황 상태에 빠 지다
pleased	플리즈드	만족스러운, 즐거운, 기쁜
comfort-able	컴포터블	쾌적한, 편 안한
worried	워리:드	걱정하는, 우 려하는

Part 3 Body, Senses & Health

Day 8 Body 신체

brain	브레인	뇌, 두뇌, 머리
bone	보운	뼈, 골격, 뼈대
arm	암:	팔, 소매, 무 기, 무장하다, 무장시키다
elbow	엘보우	팔꿈치, 팔꿈 치로 밀다

palm	팜:	손바닥, 야 자나무, 종려 나무
wrist	뤼스트	손목, 팔목
fingernail	핑거네일	손톱
ankle	앵클	발목
knee	니:	무릎, 무릎 관 절, 무릎으로 치다, 밀다
toe	토우	발가락, 발끝 (tiptoe)
chin	췬	턱
cheek	췩	볼, 뺨
eyelid	아이리드	눈꺼풀
eye brow	아이브 로우	눈썹
jaw	죠:	턱
lip	립	입, 입술
back	백	등, 등뼈, 뒷 부분
muscle	머슬	근육
spine	스파인	척추, 등뼈, 가시
stomach	스토머크	위, 복부, 배
heart	하:트	심장, 가슴, 마음
kidney	키드니	신장, 콩팥
lung	렁	폐, 허파
chest	췌스트	가슴, 흉부
nerves	널브즈	신경

Day 9 Senses 감각

hot	핫:	더운, 뜨거 운, 열띤, 인기 있는
bitter	비터	쓴, 쓰라린, 신 랄한

sweet	스윗:	달콤한, 향기로운, 듣기 좋은, 사탕 및 초콜릿 류
sour	싸우어	신, 시큼한, (우유가) 상한, 심술궂은
crunchy	크런치	아삭아삭한, 바삭바삭한
delicious	딜리셔스	맛있는
salty	쏠:티	짠, 짭짤한, 소금기 있는
chewy	츄:이	쫀득쫀득한, 잘 씹히지 않는, 꼭꼭 씹어야 하는
dry	드라이	마른, 건조한, 가문, 마르다, 말리다, 닦다
juicy	쥬:시	즙이 많은, 물기가 많은
fresh	프레쉬	신선한, 싱싱한, (기억이) 생생한
smooth	스무:드	부드러운, 매끈한, 원활한
rough	러프	거친, 매끈하지 않은, 힘든
soft	소:프트	부드러운, 연한, 푹신한, 약한
hard	하:드	단단한, 굳은, 어려운, 힘든
sticky	스티키	끈적거리는, 달라 붙는
heavy	헤비	무거운, 심한
light	라잇	가벼운, 무겁지 않은, (날이) 밝은, 빛, 불, 등, 불을 붙이다, 불을 켜다

dark	다:크	어두운, 캄캄한, 짙은
bright	브라잇	밝은, 빛나는, 눈부신
spicy	스파이시	매운, 매콤한, 양념이 들어간
loud	라우드	큰, 시끄러운, 야단스러운
noisy	노이지	떠드는, 떠들썩한, 시끄러운
quiet	콰이어트	조용한, 고요한, 잠잠한, 조용히 시키다, 진정시키다, 조용해지다
deafening	데프닝	귀청이 터질 듯한, 귀가 먹먹한

Day 10
Health & Illness 건강

cold	코울드	추운, 차가운, 냉정한, 추위, 감기
cough	코프	기침, 기침하다
flu	플루:	독감, 감기, 인플루엔자
infection	인펙션	감염, 전염, 전염병
pain	페인	아픔, 고통, 통증
bruise	브루:즈	멍, 상처, 타박상, 멍이 생기다, 타박상을 입히다
cut	컷	베인 상처, 자상, 삭감, 인하, 자르다, 베다, 깎다, 인하하다, 삭감하다

wound	운:드	상처, 부상, 상처를 입히다
ache	에이크	(지속적인) 아픔, 통증, 아프다, 욱신거리다, 쑤시다
cancer	캔서	암, 종양, 암적인 요소, 병폐
allergy	앨러지	알레르기, 과민 반응
injury	인져리	부상, 상처, 피해
cure	큐어	치유법, 치료법, 고치다, 치유하다, 낫게 하다
heal	힐:	치료하다, 고치다, 낫다, 낫게 하다
prescribe	프리스크라이브	처방하다, 처방전을 내리다
exercise	엑서사이즈	운동, 연습, 훈련, 운동하다, 운동을 시키다
healthy	헬씨	건강한, 건강에 좋은
diet	다이어트	음식, 식습관, 식단, 다이어트
obesity	오비:써티	비만, 과체중
overweight	오버웨이트	과체중, 초과 중량(obesity), 과체중의, 비만의
nutritious	뉴:트리셔스	영양이 풍부한, 건강에 좋은
injection	인젝션	주사, 주입, 투여
operation	오:퍼레이션	수술, 작전, 활동

medication	메더케이션	약, 약물치료, 투약
painkiller	페인킬러	진통제

Part 4 Life

Day 11 Clothes 의류

apparel	어페럴	옷, 의류, 의복
jeans	진즈	청바지, 면바지, 데님 천으로 만든 바지
skirt	스커:트	치마, 스커트
jacket	재킷	재킷, 상의, 반코트
sweater	스웨터	스웨터
trainers	트레이너즈	운동화 (training shoes, sneakers)
coat	코웃	외투, 코트, 긴 웃옷
top	탑:	상의, 윗도리, 맨 위, 꼭대기, 위에 놓다, 위에 얹다
tank-top	탱크탑:	러닝셔츠, 소매가 없는 상의
trousers	트라우저즈	바지
suit	숫:	정장, 옷 한 벌
garment	가:먼트	의복, 옷, 의류 (apparel)
vest	베스트	조끼, 셔츠
sock	싹:	양말
boot	부:트	목이 긴 신발, 부츠
heel	힐:	뒤꿈치, 신발의 굽, 힐

stocking	스타:킹	목이 긴 양말, 스타킹
bow tie	보우 타이	나비 넥타이
swimsuit	스윔숫	수영복
raincoat	레인코 우트	비옷, 레인 코트
scarf	스카:프	목도리, 스 카프
shawl	숄:	어깨걸이, 숄
handker- chief	행커치:프	(천 또는 종 이로 만든) 손 수건
bracelet	브레이 슬럿	팔찌
necklace	네클러스	목걸이

Day 12 Food & Cooking 음식과 요리

fruit	프룻:	과일, 열매, 결과
meat	밋:	고기, 육류
vegetable	베저터블	식물, 야채, 채소
vegetarian	베저테 리언	채식주의자
garlic	갈:릭	마늘
lettuce	레터스	상추
mushroom	머쉬룸	버섯
onion	어니언	양파
cucumber	큐:컴버	오이
spinach	스피니취	시금치
poultry	포울트리	가금, 사육 조류
dairy prod- uct	데어리 프 로덕트	유제품
seafood	씨:푸:드	해산물, 조개 류와 갑각류

appetizer	애피타 이저	전채, 에피 타이저, 식욕 을 돋우는 것 (<->dessert 후식)
recipe	레서피	조리법, 요리 법, 레시피, 비결
ingredient	인그리:디 언트	(요리 등의) 재 료, 성분
dessert	디저:트	후식, 디저트
tasty	테이스티	맛있는, 먹음 직스러운
flavor	플레이버	맛, 풍미, 운치
bake	베이크	굽다, 구워 지다
roast	로우스트	(고기나 견과 류 등을) 굽다, 볶다, 구워지 다, 구운
boil	보일	삶다, 끓이다, 데치다
fast food	패스트 푸:드	패스트푸드, 즉석 요리 (junk food)
eat out	잇: 아웃	외식하다
cuisine	퀴진:	요리, 음식, 요 리법

Day 13 House 주거

hall	홀:	건물 안쪽의 현관, 복도, 홀, 넓은 방
hallway	홀:웨이	복도, 통로
lounge	라운지	라운지, 대합 실, 휴게실
bedroom	베드룸	침실, 방
living room	리빙 룸:	거실
bathroom	배쓰룸	욕실, 화장실

dining room	다이닝 룸:	식당, 식당 방
kitchen	키친	부엌, 주방
toilet	토일렛	화장실, 변기
garage	거라:쥐	차고, 주차장, 정비소
attic	애틱	다락, 다락방
cellar	셀러	지하실, 저장실
basement	베이스먼트	지하실, 지하
downstairs	다운스테어즈	아래층에서, 아래층으로
upstairs	업스테어즈	위층으로, 위층에서
porch	폴:취	현관, 문간(지붕과 벽이 있는)
patio	패티오우	집 뒤쪽에 있는 테라스, 정원 발코니, 파티오
balcony	밸커니	발코니
cottage	카:티쥐	오두막, 별장, 시골의 작은 집
bungalow	벙갈로우	단층집
ceiling	씰:링	천장, 최고한도
fireplace	파이어플레이스	벽난로
cupboard	커보드	찬장, 벽장
pantry	팬트리	창고, 식료품 저장실
wardrobe	워:드로브	옷장

Part 5 Education & Science

Day 14 School & Studies 학교와 학업

education	에듀케이션	교육, 훈련
school subject	스쿨: 써브젝트	교과, 학과목
school year	스쿨: 이어	학년
school uniform	스쿨: 유:니폼:	교복
kindergarten	킨더가:튼	유치원
preschool	프리:스쿨:	유아원(nursery school)
university	유:니벌:서티	대학, 종합대학
college	컬:리쥐	대학, 단과대학
elementary school	엘러멘터리 스쿨:	초등학교
postgraduate	포스트그래쥬엇	대학원생
graduate	그래쥬엇	졸업하다, 학위를 받다, 졸업생
course	코:스	강의, 과목, 과정
attend	어텐드	참석하다, 다니다
attendance	어텐던스	출석, 참석
private lesson	프라이빗 레쓴	과외, 개인교습
exam	이그잼	시험(examination)

term	텀:	학기(semester)
midterm	미드텀:	학기 중간의
major	메이져	전공, 전공하다, 주요한, 중대한
curriculum	커리큘럼	교과과정, 교육과정, 커리큘럼(pl. curricula 또는 curriculums)
lecture	렉쳐	강의, 강연
degree	디그리:	학위, 등급
campus	캠퍼스	대학, 대학 교정, 캠퍼스
academic	애커데믹	학문의, 학교의, 학업의
dormitory	돌:미토:리	기숙사, 공동 숙소(residence hall)

Day 15 Science & Technology 과학과 기술

scientist	싸이언티스트	학자, 과학자, 연구원
biology	바이올:로지	생물학
physics	피직스	물리학
chemistry	케머스트리	화학, 화학 반응, (사람 사이의) 끌리는 감정
medicine	메디슨	의학, 의술, 약
anatomy	어내터미	해부학, 해부, 구조
botany	보:타니	식물, 식물학
genetics	제네틱스	유전학, 유전적 특징

gene	진:	유전자
geology	지올:로지	지질학
astronomy	어스트로:노미	천문학
logic	로:직	논리, 논리학, 타당성
substance	써브스턴스	물질, 실체, 본질
atomic	어토:믹	원자의, 원자력의, 핵무기의
cell	쎌	세포
molecule	말:리큘:	분자
bacteria	박테리아	박테리아, 세균
virus	바이러스	(질병) 바이러스
microscope	마이크로스코프	현미경
thermometer	썰마:미터	온도계, 체온계
gravity	그래버티	중력, 만유인력
magnet	매그넛	자석, 자력
tide	타이드	조수, 조류, 밀물과 썰물
orbit	올:빗	궤도, 영향권, 궤도를 돌다
satellite	새털라이트	위성, 인공위성

Part 6 Transportation & Leisure

Day 16 Transportation 교통

train	트레인	기차, 열차

taxi/cab	택시/캡	택시(taxi-cab)
plane	플레인	비행기(air-plane), 평면인, 평평한
ship	쉽	선박, 배, 수송하다, 운송하다, 실어 나르다(배 또는 다른 운송수단으로)
tram	트램	전차
bicycle	바이시클	자전거
motorbike	모터바이크	오토바이, 모터 바이크
subway/underground	써브웨이/언더그라운드	지하철, 지하도
railway	레일웨이	철로, 철길
commute	커뮤:트	통근, 통근하다, 출퇴근하다
traffic	트래픽	교통, 차량, 운행
crowded	크라우디드	사람들이 많은, 붐비는, 혼잡한, 가득 찬
rush hour	러쉬 아우어	러시 아워, 혼잡한 시간대
pedestrian	퍼데스트리언	보행자, 보행자의, 보행자용의
pedestrian crossing	퍼데스트리언 크라:씽	횡단보도(zebra crossing)
bus stop	버스 스탑:	버스 정류소
public transport	퍼블릭 트랜스폴:트	대중 교통, 공공 교통 수단

drive-through	드라이브 쓰루:	드라이브스루, 자동차에 탄 채 이용하는 상점(패스트푸드 또는 커피점), 드라이브스루의, 차에 탄 채 이용할 수 있는
expressway	익스프레스웨이	고속도로
airport	에어포:트	공항
flight	플라잇	비행, 비행기, 항공편
gate	게이트	문, 출입구, 입구, (공항의) 탑승구
luggage	러기쥐	짐, 수하물
board	보:드	탑승하다
aisle	아일	통로, 복도

Day 17 Traveling 여행

travel	트래블	여행하다, 이동하다, 여행, 이동, 출장
arrive	어라이브	도착하다, 도달하다
depart	디파:트	떠나다, 출발하다
delay	딜레이	미루다, 연기하다
cancel	캔슬	취소하다, 철회하다
take off	테이크 오:프	이륙하다, 날아 오르다
land	랜드	내려앉다, 착륙하다

check in	체크 인	탑승 또는 투숙 수속을 밟다, 체크인하다, (공항에서 짐을) 부치다, (비행기의) 탑승수속, (호텔의) 숙박절차
terminal	터:미널	공항 터미널, 기차 종착역, 버스 종점
baggage allowance	배기쥐 얼라우언스	수하물 중량 제한, 수하물 제한 무게
boarding gate	보:딩 게이트	탑승구, 탑승 게이트
single ticket	싱글 티킷	편도 승차권 (one way ticket)
passenger	패신저	승객, 탑승객
journey	져:니	여행, 여정, 항해
destination	데스티네이션	목적지, 도착지, 여행지, 목표
tourist	투어리스트	관광객
map	맵	지도, 약도, 지도를 그리다
suitcase	숫:케이스	여행가방
excursion	익스컬:션	짧은 여행, 소풍, 견학
sightseeing	싸이트씨:잉	관광, 유람
guide	가이드	안내, 안내인, 안내서, 관광 가이드, 안내하다, 인도하다

roam	로움	돌아다니다, 배회하다, 방랑하다
cruise	크루:즈	유람선, 유람선 여행, 크루즈, 나아가다, 순항하다
ferry	페리	여객선, 연락선, 페리, 수송하다, 나르다
voyage	보이쥐	항해, 긴 여행, 항해하다, 여행하다

Day 18 Shopping 쇼핑

convenience store	컨비:니언스 스토:어	편의점
department store	디파:트먼트 스토:어	백화점
street vendor	스트리:트 벤더	노점상, 가두 판매소, 거리 행상인
shopping center	샤:핑 센터	상가, 쇼핑 센터(shopping mall)
drugstore	드럭 스토:어	약국(pharmacy)
flea market	플리: 마켓	벼룩시장
estate agent	이스테이트 에이전트	부동산 중개인
credit card	크레디트 카:드	신용카드
debit card	데빗 카:드	현금카드, 직불카드
purchase	펄:춰스	구입, 구매, 구입하다, 매입하다

customer	커스터머	손님, 고객, 소비자
window shopping	윈도우 샤:핑	윈도 쇼핑, 아이 쇼핑(물건을 사지 않고 구경만 하며 다니는 행위)
stationery	스테이셔네리	문구, 문방구
sales assistant	세일즈 어시스턴트	점원, 판매원
clearance sale	클리어런스 세일	창고 정리 판매, 재고 정리 판매
discount	디스카운트	할인, 디스카운트, 할인하다, 할인 가격으로 팔다
bargain	바:게인	헐값, 싼 물건, 흥정, 거래, 흥정하다, 합의하다
queue	큐:	줄, 대기 행렬, 줄을 서다, 줄을 서서 기다리다
till	틸	상점의 계산대, 은행 창구, 현금 서랍
delivery	딜리버리	배달, 배송, 인도
exchange	익스췌인지	교환, 나눔, 맞바꿈, 교환하다, 주고 받다, 바꾸다
receipt	리시:트	영수증, 수령증
refund	리:펀드	환불, 환급, 환불하다, 환급하다

afford	어포:드	~할 여유가 있다, 형편이 되다
expiry date	익스파이어리 데이트	식품의 유효기간, 계약서, 카드 등의 만료기간(expiration date)

amateur	애머추어	비전문가, 아마추어, 취미로 하는, 비전문적인
professional	프로페셔널	전문가, 직업 선수, 직업의, 전문적인, 프로의
fitness	피트니스	건강, 운동, 신체 단련
gym	짐	헬스클럽, 체육관(gymnasium/fitness center)
jog	조:그	조깅하다, 뛰다
basketball	배스킷볼	농구, 농구공
hockey	하:키	하키
baseball	베이스볼	야구, 야구공
volleyball	발:리볼	배구
football	풋볼:	축구(soccer), 미식 축구(American football)
athlete	애쓸리:트	운동 선수, 육상 선수
compete	컴피:트	겨루다, 경쟁하다, 참가하다

contest	컨:테스트	대회, 시합/ 경쟁하다, 다투다
beat	비:트	이기다, 능가하다; 치다, 때리다, (심장이) 고동치다
defeat	디피:트	패배, 타도/ 패배 시키다, 이기다, 물리치다
tie	타이	동점, 무승부 (draw)/비기다, 동점을 이루다
defend	디펜드	방어하다, 지키다, 보호하다
draw	드로:	무승부, 비기기/비기다
perfor-mance	퍼포:먼스	실행, 수행, 성과, 공연, 연주
opponent	어포넌트	적, 상대, 경쟁자
stadium	스테이디움	경기장, 스타디움
arena	어리:너	경기장, 공연장, 무대
judge	져지	심판, 심사위원(umpire), (법원의) 판사, 판단하다, 판정하다, 판결하다
spectator	스펙테이터	관중, 관객, 구경꾼
fan	팬	지지자, 애호가, 팬; 선풍기, 부채

Part 7 Nature, Energy & Environment

Day 20 Weather 날씨

forecast	포:어캐스트	예측, 예상, 예보, 전망하다, 예측하다, 예보하다
clear	클리어	밝은, 맑은, 청명한; 분명한, 깨끗이 하다, 정리하다, 치우다
sunny	써니	맑은, 화창한, 햇살이 비치는
overcast	오우버캐스트	흐린, 우중충한, 구름이 덮인(cloudy)
humid	휴:미드	습한, 습기가 많은, 눅눅한
rainy	레이니	비가 오는
chilly	칠리	쌀쌀한, 추운, 냉랭한
mild	마일드	온화한, 포근한; 순한, 부드러운
windy	윈디, 와인디	바람이 부는, 꼬불꼬불한
scorching	스콜:칭	뜨거운, 타는 듯한, 매우 더운
freezing	프리:징	몹시 추운, 영하의
fog	포:그	안개, 연기, 혼란, 안개가 끼다, 수증기가 끼다, 혼란스럽게 하다

frost	프로:스트	서리, 성에, 서리가 내리다, 얼어붙다
drought	드라우트	가뭄, 고갈
shower	샤워	소나기, 샤워, 쏟아져 내리다, 퍼붓다
flood	플러드	홍수, 쇄도, 폭주, 물에 잠기다, 범람하다, 쇄도하다
rainbow	레인보우	무지개
snowy	스노위	눈이 많이 오는, 눈에 덮인
sunburn	썬번:	햇볕에 탐, 햇볕에 의한 화상
breeze	브리:즈	미풍, 순풍, 산들바람
thunder	썬더	천둥, 우레, 천둥이 치다
storm	스톰:	폭풍, 호우, 폭풍우, 기습하다, 급습하다
tornado	토:네이도	회오리 바람, 태풍, 토네이도
avalanche	애벌랜취	눈사태, 산사태
UV ray	유:브이:레이	자외선(ultra violet ray)

Day 21 Farming 농업

farm	팜:	농장, 농원, 양식장
agriculture	어그리컬처	농업
cultivate	컬티베이트	경작하다, 재배하다, 양성하다

harvest	하:비스트	수확, 추수, 생산
irrigation	이리게이션	관개, 관수
sow	쏘우	(씨를) 뿌리다, 심다
seed	씨:드	씨, 씨앗, 종자, (어떤 일의) 근원, 씨앗을 뿌리다
plow	플라우	쟁기(plough), 쟁기로 갈다
reap	립:	거두다, 수확하다
breed	브리:드	품종, 종류, 새끼를 낳다, 기르다, 재배하다
ripe	라이프	익은, 숙성한, 때가 된
stable	스테이블	마구간, (말을 마구간에) 넣다, 두다, 안정된, 안정적인
windmill	윈드밀	풍차
livestock	라이브스탁:	가축, 축산물
vineyard	빈야드	포도밭, 포도원
grain	그레인	곡물, 낟알, 알갱이
barn	반:	헛간, 외양간, 곳간
crop	크랍:	농작물, 수확, 곡식
hay	헤이	건초, 건초를 만들다
ranch	랜취	목장, 축산 농장

231

fence	펜스	울타리, 담장, 울타리를 치다
green-house	그린:하우스	온실
meadow	메도우	초원, 목초지
fertilizer	퍼:틸라이저	비료
pesticide	페스티사이드	살충제, 농약

Day 22 Energy 에너지

coal	코울	석탄, 숯 (charcoal)
gasoline	개솔린:	기름, 휘발유, 가솔린(gas, petrol)
electric	일렉트릭	전기의, 전자의
natural gas	내추럴 개스	천연 가스
wind power	윈드 파워	풍력
solar energy	쏠라 에너지	태양 에너지
heat loss	힛: 로:스	열 손실
energy efficient	에너지 이피션트	연비가 좋은, 연료 효율이 좋은
thermal	써:멀	열의, 뜨거운, 보온성이 좋은
kinetic	키네틱	운동의, 운동에 의해 생기는, 동역학의
resource	리:소:스	자원, 재원, 자산
fossil fuel	파:설 퓨얼	화석 연료
green	그린:	녹색, 녹색의, 환경친화적인

chemical	케미컬	화학 물질, 화학의, 화학적인
nuclear	뉴:클리어:	핵의, 원자력의
radiation	레이디에이션	방사선, 방사
interaction	인터랙션	상호 작용, 교류, 소통
circuit	썰:킷	순환, 순회, 회로
absorb	업졸:브	흡수하다, 빨아들이다, 받아들이다
reflect	리플렉트	비추다, 반사하다, 반영하다
transfer	트랜스퍼:	옮기다, 이동하다, 이전하다
accelerate	억셀러레이트	가속하다, 빨라지다, 촉진시키다
sound wave	사운드 웨이브	음파
velocity	벨로:서티	속도
alternative	얼:터:너티브	대안, 대체

Day 23 Environment 환경

climate	클라이멋	기후, 풍토, 날씨
atmo-sphere	앳모스피어	대기, 공기, 분위기
global warming	글로벌 워:밍	지구 온난화
green-house effect	그린:하우스 이펙트	온실 효과

pollution	폴루:션	오염, 공해
ozone layer	오존 레이어	오존층
acid rain	애시드 레인	산성비
industrial waste	인더스트리얼 웨이스트	산업 폐기물
deforestation	디:포:리스테이션	삼림 벌채, 삼림 개간
rainforest	레인포:리스트	열대 우림
disposable	디스포저블	쓰고 버릴 수 있는, 일회용의
renewable	리뉴:어블	재생 가능한, 연장할 수 있는
recycle	리:싸이클	재활용하다, 재생하다
exhaust	이그조:스트	다 쓰다, 고갈시키다, 배출하다, 기진맥진하게 하다, (자동차 등의) 배기가스, 배기관
fumes	퓸:즈	가스, 매연
contaminate	컨태머네이트	오염시키다, 더럽히다, 악영향을 주다
emission	이미션	배출, 방출, 배기가스
dump	덤프	버리다, 털썩 내려놓다, 쓰레기를 버리다
garbage	가:비지	쓰레기, 찌꺼기, 하찮은 것

trash	트래쉬	쓰레기/버리다, 손상시키다
earthquake	얼:쓰퀘이크	지진
ecosystem	이:코우시스템	생태계
erosion	이로우전	부식, 침식
extinct	익스팅크트	멸종된, 사라진, 활동하지 않는
endangered	인데인저드	멸종 위기에 처한, 위험한

Part 8 Media & Communication

Day 24 Art & Media 예술과 미디어

artistic	알:티스틱	예술의, 예술적인, 예술적 감각이 있는
gallery	갤러리	미술관, 갤러리, 화랑
architecture	아:키텍쳐	건축, 설계, 건축학
sculpture	스컬프쳐	조각, 조각품
media	미:디어	(신문, TV 등의) 매체, medium의 복수
abstract	앱스트랙트	추상적인, 관념적인
craftsmanship	크래프츠먼쉽	솜씨, 기능, 손재주
kiln	킬른	(숯, 벽돌, 도자기 등을) 굽는 가마

pottery	파:터리	도자기, 도기, 도예
mural	뮤럴	벽화
style	스타일	양식, 방식, 스타일
content	컨텐트	내용, 목차, 함유량, 만족하는
symmetrical	시메트리컬	대칭적인, 균형 잡힌
rhythm	리듬	리듬, 박자, 변화
motif	모티:프	주제, 모티프, 동기, 디자인
contour	컨:투어	윤곽, 외형, 등고선(out-line), 윤곽이 되다, (지도의) 등고선을 표시하다
shade	쉐이드	그늘, 색조, 명암, 음영, 그늘지게 하다, 그늘을 만들다, 빛을 차단하다
shadow	쉐도우	그림자, 어둠, 그늘
hue	휴:	색조, 색상, 경향
perspective	펄스펙티브	전망, 관점, 견해, (미술) 원근법
draw	드로:	그리다, 선을 그리다, 끌어당기다
visual	비주얼	시각의, 눈에 보이는
exhibition	엑서비션	전시, 전시회, 공연, 표현
master-piece	매스터피:스	걸작, 명작
creativity	크리:에이티버티	창조성, 창의력, 독창력

Day 25 TV & Newspaper TV와 신문

article	아:티클	글, 기사, 조항
column	칼:럼	칼럼, 신문의 정기 기고란; 기둥
editor	에디터	편집자, 논설위원, 교정자
editorial	에디토:리얼	(신문, 잡지의) 사설, 편집의, 편집과 관련된
front page	프런트 페이지	(신문, 뉴스의) 제1면
headline	헤드라인	표제, 헤드라인, 머리기사, 대서특필하다
journalist	저:널리스트	기자, 언론인, 저널리스트
mass media	매스 미:디어	대중 매체, 매스미디어
correspondent	코:레스판:던트	기자, 통신원, 특파원
critic	크리틱	비평가, 평론가
opinion	오피니언	의견, 견해, 관점, 여론
press	프레스	신문, 언론, (벨 또는 스위치 등을)누르다, (다리미 등으로)눌러서 펴다
reporter	리포:터	기자, 리포터

eyewitness	아이위트니스	증인, 목격자
ombuds-man	암:버즈먼	옴부즈맨, 민원 조사원, 행정 감찰관(시민의 고충을 조사 처리하는 사람)
deadline	데드라인	기한, 마감 일자
viral	바이럴	입소문, 바이러스의, 바이러스처럼 퍼지는
broadsheet	브로:드쉬:트	보통 사이즈의 신문, 광고용 인쇄물
tabloid	태블로이드	타블로이드판, 타블로이드 신문, 대중 연예 신문
crowdfunding	크라우드펀딩	크라우드 펀딩, 군중 펀딩, 인터넷 모금
feature	피쳐	특징, 특성; 특집 기사, 특집 방송, 특징을 이루다, 특집 기사로 다루다
exclusive	익스클루:시브	독점적인, 전용의, 배타적인, 독점기사, 독점권
off the record	오프 더 레코드	비공개로, 비공식적인
censor	센서	검열, 통제, 감시, 검열하다, (검열하여) 삭제하다
plagiarize	플레이저라이즈	표절하다, 도용하다

Day 26 Computer & Communications 컴퓨터와 통신

desktop	데스크탑:	탁상, 탁상용 컴퓨터 (desktop computer), 탁상용의, 책상 위에 놓을 수 있는
laptop	랩탑:	휴대용 컴퓨터, 노트북
download	다운로드	내려받다, 다운로드하다
keyboard	키:보:드	컴퓨터 키보드, 피아노 건반, 입력하다
monitor	모:니터	화면, 모니터, 감시장치, 감시하다, 조사하다, 관찰하다
mouse	마우스	쥐, 생쥐, 컴퓨터 마우스
remote	리모우트	먼, 외딴, 원격의
internet	인터넷	인터넷
browser	브라우저	브라우저, 자료를 검색하는 프로그램, 둘러보는 사람
search engine	서:취 엔진	(컴퓨터) 검색 엔진
hardware	하:드웨어	(컴퓨터) 하드웨어, 기제, 장비, 철물
software	소:프트웨어	소프트웨어, 프로그램

cell phone	셀폰	휴대폰, 휴대전화(mobile phone)
google	구:글	검색하다, 구글로 검색하다
social network	소셜 네트워:크	소셜 네트웍, 인간 관계 연결망
code	코우드	암호, 부호, 규정, 관례
cyber	사이버	사이버의, 인터넷의, 컴퓨터와 관련이 있는
database	데이터베이스	데이터 베이스, 데이터를 보존하여 필요 시 이용할 수 있게 한 시스템
matrix	메이트릭스	모체, 기반, (숫자나 기호를 나열한) 행렬
electronic	일렉트로:닉	전자의, 컴퓨터의/전자 장치, 전자 기기
virus	바이러스	컴퓨터 바이러스
firewall	파이어월	방화벽, 컴퓨터 보안 시스템
wireless	와이어리스	무선의, 무선 전신의
telecommunication	텔레커뮤:니케이션	(전화, 라디오, TV 등의) 원격 통신, 전자 통신
syndrome	신드로움	증후군, 증상

Part 9
Culture & Society

Day 27 Society & Economy 사회와 경제

social	소셜	사회의, 사회적인, 사교의
custom	커스텀	관습, 습관, 풍습
mainstream	메인스트림:	주류, 대세
conventional	컨벤셔널	관례적인, 인습적인, 평범한, 재래식의
value	밸류:	가치, (values)가치관, 소중히 여기다, 중요시 하다
moral	모럴	우의, 교훈, (morals)도덕, 윤리, 도덕상의, 도덕적인, 교훈적인
ethical	에씨컬	도덕적인, 윤리적인, 도덕과 관련된
freedom	프리:덤	자유, 자주, 해방, 면제
fiarness	페어니스	공정, 공평
religion	릴리젼	종교, 신앙
race	레이스	인종, 민족; 경주, 경쟁
ethnic	에쓰닉	민족의, 종족의
culture	컬쳐	문화, 재배, 배양하다(cultivate)

bias	바이어스	편견, 편향, 치우침
discrimina-tion	디스크리미네이션	차별, 차이
prejudice	프레쥬디스	편견, 선입견
equality	이퀄러티	평등, 균등, 균형
heritage	헤리티쥐	유산, 전통, 혈통
tradition	트래디션	전통, 관습
growth	그로우쓰	성장, 증가, 상승
recession	리세션	불경기, 불황, 경기 침체
trade	트레이드	거래, 교역, 무역, 거래하다, 교역하다
inflation	인플레이션	인플레이션, 통화 팽창, 물가 인상
deflation	디플레이션	디플레이션, 물가 하락, 통화 수축
debt	데트	빚, 부채, 채무

Day 28
Politics & Law 정치와 법률

political party	폴리티컬 파:티	정당
ideology	아이디알:러지	이념, 사상, 이데올로기
campaign	캠페인	캠페인, 조직적 활동, 선거 운동, 광고, 캠페인을 벌이다
govern-ment	거번먼트	정부, 정권, 국가

partisan	파:티전	편파적인, 당파적인, 당파심이 강한, 지지자, 신봉자
bipartisan	바이파:티전	양당의, 초당파적인
left-wing	레프트 윙	좌익의, 좌파의, 좌익, 좌파
right-wing	라이트 윙	우익의, 온건파의
lobby	라:비	로비, 압력단체; 휴게실, 로비를 하다, 영향력을 행사하다
nomination	나머네이션	지명, 임명, 추천, 후보에 오름
democracy	디마크러시	민주주의, 민주국가
poll	포울	여론조사, 설문
election	일렉션	선거, 투표
lame duck	레임 덕	레임 덕, 임기 말기의 정치인이나 정부
guilty	길티	유죄의, 죄책감을 느끼는
sue	수:	고소하다, 소송을 제기하다
evidence	에비던스	증거, 단서
trial	트라이얼	재판, 공판, 시도, 실험
jury	쥬리	배심원단, 심사위원

plead	플리:드	애원, 간청, 답변, 애원하다, 변호하다, (법정에서 피고가) 답변하다, 답변서를 제출하다
court	코:트	법원, 법정
lawsuit	로:수:트	소송, 고소
sentence	센텐스	선고, 판결, 형벌, 판결을 내리다, ~의 형을 선고하다
verdict	벌:딕트	평결, 결정, 의견
witch hunt	위치 헌트	마녀 사냥, 정적에 대한 박해

Day 29 History & Religion 역사와 종교

ancient	에인션트	고대의, 옛날의, 아주 오래된
archaic	알:케익	낡은, 고풍의, 원시적인
ancestor	앤세스터	조상, 선조, 원형, 전신
prehistoric	프리:히스토:릭	선사시대의, 역사 이전의 시대에 속한
middle ages	미들 에이지즈	중세
iron age	아이언 에이지	철기 시대
bronze age	브론즈 에이지	청동기 시대
mythology	미쏠:로지	신화, 근거 없는 믿음

castle	캐슬	성, 궁궐, 대저택
kingdom	킹덤	왕국, 왕조
dynasty	다이너스티	왕조, 시대, 지배자 층
monument	마:뉴먼트	기념비, 유적, 표지, 역사적 건축물
civilization	씨빌라이제이션	문명, 문명 사회
empire	엠파이어	제국, 왕국, 거대 기업
feudal	퓨:덜	봉건적인, 봉건 제도의
revolution	레벌루:션	혁명, 혁신, 변혁
civil war	씨빌 워:	내전, 내란, 미국의 남북전쟁
divine	디바인	신의, 신성한
confess	컨페스	고백하다, 자백하다, 인정하다
conversion	컨버:젼	전향, 개종, 전환, 개조
faith	페이쓰	믿음, 신앙, 신념
goddess	가:데스	여신
meditate	메더테이트	명상하다, 숙고하다, 계획하다, 꾀하다
monk	멍크	중, 수도승
prophecy	프라:퍼시	예언, 예측

Part 10 Directions & Quantities

left	레프트	왼쪽의, 좌측의, 좌파의, 왼쪽, 좌파
right	라이트	오른쪽의, 우측의, 옳은, 올바른, 오른쪽, 우익, 보수주의자
straight	스트레이트	곧은, 똑바른, 똑바로, 직선으로
backward	백워드	뒤로, 거꾸로, 반대 방향으로
over	오버	위에, 위로
below	빌로우	아래의, 이하의, (위치, 수준, 또는 등급이) 낮은, 아래에
beyond	비욘드	넘어서, 지나, 그 너머에, 그 이후
beneath	비니쓰	아래, 밑에
inside	인싸이드	안에, 내부에, 안으로
outside	아웃싸이드	겉, 밖, 바깥쪽, 외부의, 겉면의, 바깥쪽의
near	니어	근처에, 가까이에, 근처의, 가까운, 인접한, 가까이
adjacent	어제이선트	인접한, 이웃의, 부근의
behind	비하인드	뒤에, 배후에, 너머에, 뒤의, 후방의, 뒤에, 이면에, 뒤처진
between	비트윈	사이에, 중간에
around	어라운드	주변에, 주위에, 둘레에
in front of	인 프론트 오브	~의 앞에, 정면에
on top of	온 탑 오브	~위에, ~에 더하여
back	백	뒤쪽의, 뒤에, 과거의, 뒤로, 과거로
opposite	아:퍼짓트	맞은편의, 반대쪽의, 상반되는, 반대의
intersection	인터섹션	교차로, 교차 지점
traffic circle	트래픽 써:클	로터리
junction	정크션	교차로, 나들목, 분기점, 연결 지점
go through	고 쓰루:	통과하다, 겪다, 검토하다
go along	고 얼롱:	따라가다, 동행하다
go across	고 어크로:쓰	건너다, 횡단하다

amount	어마운트	양, 액수, 총액, 총계, (총계가)~이 되다, ~에 달하다

capacity	커패서티	능력, 수용력, 가능성, 용량
quantity	퀀:티티	양, 수량
quality	퀄:리티	질, 품질, 특성
density	덴서티	밀도, 농도
scale	스케일	규모, 범위, 척도, 등급, 저울
level	레벨	수준, 정도, 높이
degree	디그리:	(각도 또는 온도의 단위)도, 정도
huge	휴:쥐	큰, 거대한
enormous	이놀:머스	엄청난, 막대한, 거대한
high	하이	높은, 많은
equal	이:퀄	평등한, 동등한, 같은
even	이:븐	평평한, 평탄한, 반반한, 고른, 더욱, 한층, ~조차도
enough	이너프	충분히, 충분한
roughly	러플리	대략, 거의
consider-able	컨씨더러블	상당한, 많은, 꽤
every other	에브리 아더	하나 걸러서, 둘에 하나
sum	썸	합계, 총계, 금액
count	카운트	세다, 계산하다, 포함시키다, 중요하다
supply	써플라이	공급, 보급품, 공급하다, 제공하다

measure	메줘	대책, 조치, 측정하다, 평가하다
accumu-late	어큐:머레이트	모으다, 비축하다, 축적하다
estimate	에스티메이트	추정, 추산, 견적, 추정하다, 예상하다, 계산하다, 평가하다
subtract	써브트랙트	빼다, 공제하다(take away)
overdose	오버도우스	과다 복용하다, 과잉 투여하다

Index

* D = Day

Check-up Test

정답 및 해석

Day 1

1. 배우자 2. 남편 3. 손자 4. 사위
5. 며느리
6. fiancé 7. engage 8. marriage
9. stepchild 10. stepparent
11. d 12. a 13. b 14. c 15. e 16. b
17. c 18. a 19. e 20. d
21. grandson 22. granddaughter
23. father-in-law 24. mother-in-law
25. grandparents

해석

11. 나의 삼촌의 아들은 나와 사촌이다.
12. 나의 어머니의 자매는 나의 이모이다.
13. 나의 아버지의 형제는 나의 삼촌이다.
14. 나의 아버지와 어머니는 나의 부모이다.
15. 나의 아버지의 어머니는 나의 할머니이다.
16. 나의 숙모는 나의 삼촌의 아내이다.
17. 나의 형의 아들은 나의 조카이다.
18. 나의 형의 딸은 나의 조카딸이다.
19. 나의 아버지의 아버지는 나의 할아버지이다.
20. 나의 형제자매는 나의 동기이다.

Day 2

1. 동료, 회원 2. 친구 3. 애정, 보살핌
4. 관계, 연관성 5. 근처, 이웃
6. trust 7. faithful 8. patron
9. intimate 10. companion
11. b 12. a 13. d 14. e 15. c 16. d
17. a 18. e 19. b 20. c
21. confide 22. company 23. mutual
24. respect 25. befriend

해석

11. 어린아이들은 서로 잘 지낸다.
12. 그의 속임수에 속지 않게 주의해야 한다.
13. 아비게일은 조지와 헤어지기로 결심했다.
14. 그는 여전히 초등학교 친구들과 연락하고 있다.
15. 데이비드는 방과 후 친한 친구들과 어울려 시간을 보낸다.

16. 나는 그와 개인적인 면식이 없다.
17. 좋은 이웃은 먼 친척보다 낫다. (속담)
18. 그는 자신의 아파트를 함께 쓸 룸메이트를 구하고 있다.
19. 안나는 캐나다에 있는 펜팔 친구와 서신을 주고받고 있다.
20. 그 도시는 매년 주민들을 위해 음악회를 개최한다.

Day 3

1. 건축업자 2. 비서, 장관 3. 전기 기사
4. 생선 장수 5. 회계사
6. baker 7. cleaner 8. barber
9. doctor 10. engineer
11. a 12. e 13. b 14. c 15. d 16. b
17. e 18. c 19. a 20. d
21. chef 22. flight attendants
23. surgeons 24. cashiers
25. policeman

해석

11. 제임스는 법대 졸업 후 변호사가 되었다.
12. 그 미용사는 한 여인의 머리를 자르고 있다.
13. 우리는 싱크대를 고치기 위해 배관공에게 연락해야 한다.
14. 그는 근처의 정육점에서 갈비를 샀다.
15. 나는 안경을 바꾸어야 해서 안경점에 갔다.
16. 간호원은 환자의 혈압을 측정했다.
17. 지붕이 새기 때문에, 우리는 목수에게 연락해야 한다.
18. 치통이 있다면, 치과에 가야한다.
19. 고양이가 아파서 수의사에게 데려 가야 한다.
20. 소방대원들이 불을 끄는데 거의 다섯 시간이 걸렸다.

Day 4

1. 임금 인상 2. 월급 3. 동료 4. 직업
5. 견습 기간
6. wage 7. pay slip 8. full-time
9. earn one's living 10. work in shifts
11. c 12. d 13. e 14. a 15. b 16. c

17. e 18. b 19. a 20. d
21. part-time 22. apprentice 23.
bonus 24. trainees 25. wage cuts

해석
11. 나의 새 직장은 옛날 직장보다 보수가 좋다.
12. 현재 우리 사무실에는 결원이 3자리가 있다.
13. 취업 신청 마감은 다음 주 금요일이다.
14. 그 회사는 올해 200 명의 신규 직원을 채
용할 계획이다.
15. 우리는 과제를 제시간에 끝내기 위해서는
초과 근무를 해야 한다.
16. 엘리엇은 직업이 변호사이다.
17. 취업 인터뷰에서는 정장을 입어야 한다.
18. 그는 열심히 일해서 진급을 했다.
19. 모든 신입 사원들은 직원 연수에 참가해
야 한다.
20. 지원자들은 4월 5일까지 상세한 이력서를
제출해야 합니다.

Day 5

1. 얇은 2. 정돈된, 산뜻한 3. 맵시 있는,
영리한 4. 수염, 턱수염 5. 콧수염
6. tall 7. short 8. young 9. elderly
10. middle-aged
11. c 12. d 13. e 14. a 15. b 16. a
17. e 18. d 19. b 20. c
21. attractive 22. underweight
23. elegant 24. blond 25. unkempt

해석
11. 이 우물의 물은 식수로 적합하지 않다.
12. 올 여름에는 짧은 머리가 유행이다.
13. 그 농구 선수는 키가 크고, 마르고, 빨랐다.
14. 그가 다음 경기에서 이길 가능성은 희박
하다.
15. 내가 5 년 전 그를 처음 만났을 때, 그는 대
머리가 아니었다.
16. 줄리아는 언제나 그녀의 방을 깔끔하게 정
돈한다.
17. 그 남자는 네가 내게 말했던 것처럼 미남
은 아니었다.
18. 존은 근육질의 몸을 갖기 위해 매일 근력

운동을 한다.
19. 키가 크고 멸치처럼 마른 저 소녀는 내 동
생이다.
20. 한 연구에 의하면, 당뇨병을 가진 성인의
90%가 체중 과다이거나 비만이다.

Day 6

1. 영리한 2. 친절한 3. 사교적인 4. 느긋한
5. 근면한
6. lazy 7. bossy 8. rude 9. talkative
10. hard-working
11. c 12. e 13. b 14. a 15. d 16. d
17. e 18. b 19. a 20. c
21. sympathetic 22. aggressive
23. shy 24. popular 25. dependable

해석
11. 다른 사람들을 모욕하는 것은 재미있는 일
이 아니다.
12. 카리스마가 있는 사람은 지도자가 되는 경
향이 있다.
13. 이기적인 사람은 오직 자신만 생각한다.
14. 솔직히 말하자면, 나는 당신이 그것을 할
수 있을 것으로 생각하지 않는다.
15. 그는 자신의 야심 찬 프로젝트를 완성시키
기가 어렵다는 것을 깨달았다.
16. 용감한 군인들은 적의 공격에 저항했다.
17. 많은 사람들이 종종 온라인에서 충동 구
매를 한다.
18. 그 정보는 믿을 만한 소식통에서 온 것이라
고 장담할 수 있습니다.
19. 사람들의 말에 끼어드는 것은 예의 바른 행
동이 아니라는 것을 기억해야 합니다.
20. 그는 친절하고 관대한 사람이었으므로 항
상 어려움에 처한 사람들을 돕기를 원했다.

Day 7

1. 화난 2. 공포, 공황 3. 질투하는
4. 쾌활한, 유쾌한 5. 걱정하는, 염려하는
6. fear 7. insult 8. nervous
9. depressed 10. frightened
11. d 12. e 13. a 14. b 15. c 16. d

17. a 18. b 19. e 20. c
21. bored 22. worried 23. lonely
24. comfortable 25. dissatisfied

해석

11. 제인은 고양이를 무서워한다.
12. 나는 그를 몹시 만나고 싶다.
13. 겨울은 나를 우울하게 만든다.
14. 나는 그의 무례한 행동에 기분이 상했다.
15. 부가 항상 행복을 가져오는 것은 아니다.
16. 귀하께서 우리의 제안을 받아들여 주시면 기쁘겠습니다.
17. 많은 사람들이 그 뉴스를 듣고 충격을 받고 화가 났다.
18. 그녀는 남편이 사망했을 때 거의 미칠 지경이 되었다.
19. 만약 저희 제품에 만족을 하지 못하신다면 반품해주시기 바랍니다.
20. 제이콥은 수학여행의 기대에 기분이 들떠 잠을 이룰 수 없었다.

Day 8

1. 발가락, 발끝 2. 손바닥 3. 손목 4. 뺨
5. 눈썹
6. bone 7. kidney 8. lung 9. chest
10. heart
11. b 12. c 13. e 14. a 15. d 16. d
17. e 18. a 19. b 20. c
21. brain 22. knees 23. elbow
24. spines 25. muscles

해석

11. 용기를 내. / 기운 내.
12. 그녀는 내 팔을 잡았다.
13. 나는 발을 헛디뎌 발목을 삐었다.
14. 당신의 비밀은 안전합니다. 누구에게도 누설하지 않을 겁니다.
15. 나는 버스에서 누군가가 내 등을 팔꿈치로 미는 것을 느꼈다.
16. 밖의 소음이 내 신경을 건드렸다.
17. 나는 너무 피곤해서, 눈꺼풀이 점점 더 무거워졌다.
18. 수잔이 노래를 시작하자, 모두의 입이 떡

벌어졌다.
19. 유통 기한이 지난 음식은 적은 양이라도 당신의 위통을 일으킬 수 있다.
20. 톰은 긴장하면 손톱을 깨무는 습관이 있다.

Day 9

1. 신 2. 달콤한 3. 쫀득쫀득한 4. 부드러운
5. 맛있는
6. soft 7. salty 8. juicy 9. bitter
10. sticky
11. e 12. c 13. a 14. b 15. d 16. d
17. e 18. b 19. a 20. c
21. loud 22. fresh 23. hot 24. rough
25. dry

해석

11. 이 스프는 내게 너무 맵다.
12. 신호등이 파란불로 바뀌었다.
13. 그것은 대답하기 어려운 질문이군요.
14. 폭설이 시내로 들어오는 모든 교통을 마비시켰다.
15. 우리가 사적으로 이야기할 수 있는 조용한 장소를 찾아보자.
16. 음악소리 좀 줄여 주세요. 귀가 멀겠어요.
17. 밤에 어두운 거리를 혼자서 다녀서는 안 된다.
18. 밖이 너무 시끄러워서 나는 일에 집중할 수가 없다.
19. 닭튀김은 맵고 바삭바삭했다, 그러나 지나치게 기름지지는 않았다.
20. 밝은 햇빛이 눈을 상하게 할 수 있으므로 선글라스를 착용해야 합니다.

Day 10

1. 독감 2. 통증 3. 기침 4. 건강한 5. 주사
6. cure 7. wound 8. obesity 9. infection 10. painkiller
11. a 12. e 13. b 14. c 15. d 16. c
17. e 18. a 19. b 20. d
21. cold 22. nutritious 23. bruise
24. allergy 25. diet

해석

11. 마이크는 사과를 반으로 잘랐다.
12. 메리는 어렸을 때 비만이었다.
13. 마음의 고통은 시간만이 치료할 수 있다.
14. 준비운동은 운동할 때의 부상을 막아준다.
15. 이 약을 복용한 후 졸음이 올 수 있습니다.
16. 나는 이 약을 복용한 후에 더 이상 고통을 느끼지 않는다.
17. 의사는 당신의 두통을 낮게 할 약을 처방해 줄 것이다.
18. 흡연과 폐암 간에는 밀접한 관련이 있다.
19. 공사장에서는 사소한 실수가 심각한 부상을 초래할 수 있다.
20. 그는 뇌 수술 후 거의 한 달 동안 혼수 상태에 빠졌다.

Day 11

1. 양말 2. 면바지, 청바지 3. 상의, 반코트
4. 바지 5. 목이 긴 신발, 부츠
6. skirt 7. bracelet 8. sweater
9. stocking 10. tank-top
11. c 12. a 13. d 14. e 15. b 16. d
17. e 18. b 19. a 20. c
21. suit 22. bow tie 23. trainers
24. garments 25. shawl

해석

11. 그녀는 파티에서 목이 깊게 파인 상의를 입고 있었다.   * a low cut top 깊게 파인 상의
12. 밖이 추워서, 코트를 입어야 한다.
13. 그녀는 손수건으로 얼굴의 땀을 닦았다.
14. 바닷가에 갈 때, 수영복 가져 가는 것을 잊지 마.
15. 모니카는 발목에 통증이 있어 굽이 높은 힐을 신을 수 없다.
16. 그 군인은 상의 안에 방탄 조끼를 입고 있었다.
17. 목에 노란색 목도리를 두른 소녀는 내 동생이다.
18. 만약 우비를 입지 않으면 몸이 흠뻑 젖을 것이다.
19. 그 숙녀는 진주 목걸이에 검은 이브닝 드레스를 입고 있었다.

20. 악어 가죽은 가방, 부츠, 자켓, 그리고 다른 의류를 만들기 위해 사용된다.

Day 12

1. 마늘 2. 상추 3. 시금치 4. 오이 5. 채소
6. fruit 7. seafood 8. vegetarian
9. mushroom 10. dairy product
11. d 12. e 13. a 14. c 15. b 16. d
17. c 18. e 19. b 20. a
21. ingredient 22. desserts 23.
poultry 24. appetizer 25. Fast food

해석

11. 마늘은 양파과에 속한다.
12. 안전하게 마시기 위해 물을 끓일 필요가 있다.
13. 어머니께서는 내게 초콜릿 케익을 만드는 법을 가르쳐 주셨다.
14. 우리는 크리스마스 전날에 저 식당에서 외식을 할 것이다.
15. 그들은 메인 요리로 으깬 감자와 구운 쇠고기를 제공했다.
16. 조리법에 의하면 설탕 2 스푼을 넣어야 한다.
17. 그녀가 제공한 차는 강한 레몬 맛이 났다.
18. 이 식당은 정통 프랑스 요리를 전문으로 한다.
19. 체중을 줄이고 싶으면, 육류 섭취를 줄이세요.
20. 이 식당의 음식은 가격이 싸고, 맛이 있으며, 신속하게 제공된다.

Day 13

1. 홀, 안쪽 현관 2. 화장실 3. 부엌
4. 단층집 5. 거실
6. attic 7. upstairs 8. downstairs
9. basement 10. cupboard
11. c 12. e 13. a 14. d 15. b 16. c
17. e 18. d 19. b 20. a
21. cottage 22. bedroom 23. balcony
24. cellar 25. ceiling

해석

11. 호텔 라운지에서 당신을 기다리겠습니다.
12. 저녁 식사는 식당에서 제공될 것입니다.
13. 브라운씨의 사무실은 복도 끝에 있습니다.
14. 톰이 욕실에서 면도를 하고 있을 때, 그의 전화벨이 울렸다.
15. 이곳은 여전히 추워. 벽난로에 장작을 좀 더 넣자.
16. 한 여인이 현관으로 걸어와서 초인종을 눌렀다.
17. 제인은 파티를 위해 옷장에서 핑크색 드레스를 선택했다.
18. 그 차고는 공간이 넓어서 자동차를 5 대까지 주차시킬 수 있다.
19. 식품 저장실은 음식을 보관하기 위해 부엌 가까이 위치한 작은 방이다.
20. 오늘은 따뜻하고 날이 맑으니, 베란다에서 점심 식사를 하는게 어때요?

Day 14

1. 과정 2. 학기 중간의 3. 대학교 4. 학년
5. 과외, 개인 교습
6. term 7. education 8. attendance
9. preschool 10. kindergarten
11. d 12. c 13. a 14. e 15. b 16. e
17. c 18. b 19. a 20. d
21. curriculum 22. academic
23. uniforms 24. elementary 25. dormitory

해석

11. 린다가 좋아하는 교과목은 음악이다.
12. 안나는 컴퓨터 공학을 전공하기를 원한다.
13. 에드워드는 심리학 박사학위를 갖고 있다.
14. 그의 강의는 매우 길었지만, 누구도 지루해 하지 않았다.
15. 다니엘은 영리하다, 그래서 나는 그가 다음 시험에 합격할 것이라고 확신한다.
16. 존은 심리학 석사 학위를 갖고 있다.
17. 나는 오늘 오후 생물학 수업에 참석할 것이다.
18. 중앙 도서관은 캠퍼스 중앙에 위치하고 있다.

19. 마이크는 배관공이 되기를 원한다, 그래서 대학에 갈 필요가 없다.
20. 너는 고등학교 졸업 후 무엇을 하기를 원하니?

Day 15

1. 물리학 2. 생물학 3. 과학자 4. 지질학
5. 화학
6. tide 7. atomic 8. bacteria 9. satellite 10. substance
11. b 12. a 13. e 14. c 15. d 16. a
17. d 18. e 19. b 20. c
21. Botany 22. Anatomy 23. gene
24. virus 25. Astronomy

해석

11. 나는 당신의 논리를 이해할 수 없습니다.
12. 우리는 세포를 육안으로 볼 수 없다.
13. 자석은 쇠를 끌어당기는 물체이다.
14. 달의 중력이 지구의 조수를 (밀물과 썰물을) 발생시킨다.
15. 체형과 비만은 유전에 의해 결정될 수 있다.
16. 인공위성은 예정대로 궤도에 진입하고 있다.
17. 우리는 현미경을 통해 박테리아를 볼 수 있다.
18. 온도계는 온도를 측정하는 도구이다.
19. 히포크라테스는 현대 의학의 아버지로 알려진다.
20. 물 분자는 수소 원자 두 개와 산소 원자 한 개로 구성된다.

Day 16

1. 택시 2. 전차 3. 비행기 4. 자전거
5. 오토바이
6. train 7. railway 8. crowded 9. bus stop 10. expressway
11. b 12. d 13. a 14. e 15. c 16. b
17. d 18. e 19. a 20. c
21. gate 22. subway 23. airport
24. luggage 25. public transport

해석

11. 우리는 이 소포를 오늘 발송해야 한다.
12. 비행기는 오후 3 시에 이륙할 예정이다.
13. 나는 일단의 사람들이 비행기에 탑승하려고 기다리고 있는 것을 보았다.
14. 나는 교통이 혼잡한 시간을 피하기 위해 아침 일찍 떠났다.
15. 길을 건너려면 횡단보도를 이용해야 한다.
16. 산사태로 교통이 막혀서, 우리는 우회로를 타야 했다.
17. 수천 명의 사람들이 매일 이 도시로 통근을 하고 있다.
18. 여기서 가까운 스타벅스 커피점에는 드라이브스루 창구가 있다.
19. 창가 쪽은 좌석이 없습니다, 하지만 복도 쪽은 몇 개 남아 있습니다.
20. 서너 명의 보행자들이 신호등이 파란색으로 바뀌기를 기다리고 있었다.

Day 17

1. 착륙하다 2. 도착하다 3. 출발하다
4. 안내하다 5. 종점, 종착역
6. map 7. roam 8. sightseeing
9. boarding gate 10. baggage allowance
11. c 12. a 13. d 14. e 15. b 16. e
17. c 18. b 19. a 20. d
21. journey 22. passengers
23. tourists 24. cruise 25. ferry

해석

11. 빛은 소리보다 빠르게 이동한다.
12. 나는 호텔 예약을 취소하기로 결정했다.
13. 나는 한 여자가 무거운 가방을 들고 가는 것을 보았다.
14. 스페인 마드리드행 편도 티켓을 한 장 사고자 합니다.
15. 우리는 비 때문에 소풍을 취소해야 했다.
16. 화성까지의 항해는 약 7 개월이 걸린다.
17. 버스는 교통 체증 때문에 두 시간 지연되었다.
18. 비행기는 짙은 안개 때문에 제 시간에 이륙할 수 없었다.

19. 출발 시간 최소 두 시간 전에 탑승 수속을 밟아야 합니다.
20. 어둡기 전에 목적지에 도착하기 위해서는 아침 일찍 출발해야 합니다.

Day 18

1. 계산대 2. 고객 3. 현금 카드 4. 노점상
5. 편의점
6. stationery 7. sales assistant
8. clearance sale 9. department store
10. window shopping
11. d 12. e 13. b 14. a 15. c 16. c
17. a 18. e 19. b 20. d
21. receipt 22. queue 23. afford
24. refund 25. estate agent

해석

11. 현금으로 지불하면 할인을 받을 수 있나요?
12. 일부 소매점에서는 신용카드를 사용하면 수수료를 받는다.
13. 이 쿠폰은 매입 후 1 년 동안 유효하다.
14. 이 문서는 속달로 보내야 한다.
15. 이 상점에서는 스포츠 용품을 일정 기간 동안 할인 가격으로 판매한다.
16. 어디서 원을 달러로 바꿀 수 있나요?
17. 신용카드 일반적인 유효기간은 3 년에서 5 년 사이이다.
18. 나는 지난 토요일 벼룩시장에서 오래된 유리병을 하나 구입했다.
19. 아스피린을 사려고 합니다. 근처에 약국이 있나요?
20. 몰 오브 아메리카는 미국에서 가장 큰 쇼핑 센터입니다.

Day 19

1. 동점, 무승부 2. 하키 3. 야구 4. 배구
5. 농구
6. fitness 7. football 8. compete
9. amateur 10. professional
11. c 12. a 13. d 14. e 15. b 16. c
17. d 18. b 19. e 20. a

21. opponent 22. stadium
23. performance 24. spectators
25. athlete

해석

11. 경기는 0 - 0 무승부로 끝났다.
12. 나는 헬스 클럽에서 일주일에 두 번 운동한다.
13. 벌은 (침으로) 찔러서 자신을 보호한다.
14. 매일 조깅하는 것은 당신을 건강하게 만들 것이다.
15. 사람들을 외모로 판단해서는 안된다.
16. 줄리아는 요리대회에 참가하기를 원한다.
17. 우리는 상대를 무찌르기 위해 단결해야 한다.
18. 국제 축구 경기가 이 경기장에서 열릴 것이다.
19. 독일은 월드컵 경기에서 이태리를 이긴 적이 없다.
20. 존은 야구를 좋아하며 텍사스 레인저스 팀 지지자이다.

Day 20

1. 따뜻한, 온화한 2. 홍수 3. 일기 예보
4. 회오리 바람 5. 자외선
6. clear 7. rainy 8. sunny 9. snowy
10. windy
11. b 12. d 13. c 14. e 15. a 16. b
17. e 18. a 19. c 20. d
21. fog 22. scorching 23. frost
24. rainbow 25. storm

해석

11. 가뭄으로 인해 호수의 바닥이 드러났다.
12. 밖은 추워. 코트 입는 것을 잊지 마.
13. 폭풍우는 대개 번개와 천둥이 함께 온다.
14. 내일 하늘은 짙은 구름으로 덮일 것입니다.
15. 강에 불어오는 시원한 미풍이 우리 기분을 상쾌하게 만들었다.
16. 테니스 경기는 갑작스런 소나기로 인해 중단되었다.
17. 눈사태가 일어나면, 산채로 눈 속에 묻힐 수 있습니다.

18. 이 섬의 날씨는 일년 내내 덥고 습기가 많습니다.
19. 오늘 밤 기온은 영하로 떨어질 것입니다.
20. 태양 아래 너무 오래 있지 마세요, (햇볕에 의한) 화상을 입을 수 있습니다.

Day 21

1. 뿌리다, 심다 2. 익은 3. 씨앗 4. 농장
5. 담장
6. hay 7. crop 8. grain 9. livestock
10. vineyard
11. b 12. a 13. d 14. e 15. c 16. b
17. d 18. a 19. e 20. c
21. windmills 22. stable
23. pesticides 24. cultivate
25. greenhouse

해석

11. 이제 뿌린 것을 수확할 시간이다.
12. 농부들은 봄에 밭을 간다.
13. 농업은 세계 최대의 산업이다.
14. 들판의 보리는 수확할 때가 되었다.
15. 목초지는 풀로 덮인 땅이다.
16. 그 목장은 가시 철조망을 두른 담장으로 둘러 싸여 있다.
17. 땅을 비옥하게 하기 위해 유기농 비료를 사용해야 한다.
18. 다 자란 연어는 알을 낳기 위해 자신이 태어난 강으로 돌아온다.
19. 이 댐의 주된 기능은 관개를 위해 물을 비축하는 것이다.
20. 이 외양간은 너무 좁아서 건초를 저장할 충분한 공간을 갖지 못한다.

Day 22

1. 석탄 2. 전기의, 전자의 3. 열의 4. 자원
5. 속도
6. green 7. nuclear 8. transfer
9. fossil fuel 10. sound wave
11. d 12. e 13. a 14. b 15. c 16. b
17. d 18. a 19. e 20. c

21. radiation 22. interaction 23. absorb
24. reflect 25. energy efficient

해석

11. 원유 가격이 오르면, 석유 가격도 오른다.
12. 풍력은 적은 양의 전기를 발생시킨다.
13. 폐쇄 회로 tv는 동영상을 실시간으로 보낸다.
14. 이 집은 삼중 창문으로 되어 있어 열 손실을 막는다.
15. 그는 앞에 있는 트럭을 추월하기 위해 차의 속도를 높였다.
16. 천연 가스는 전기보다 난방 비용이 저렴하다
17. 촉매는 화학 반응을 빨리 일어나게 한다.
18. 한 물체가 정지되어 있을 때, 운동 에너지는 없다.
19. 태양 에너지 기술은 아직 초보 수준에 있다.
20. 전방 도로가 막혔다, 그래서 우리는 대체 도로를 찾아야 한다.

Day 23

1. 쓰레기 2. 가스, 매연 3. 부식, 침식
4. 산성비 5. 오존층
6. recycle 7. climate 8. disposable
9. atmosphere 10. greenhouse effect
11. c 12. d 13. a 14. e 15. b 16. d
17. e 18. a 19. b 20. c
21. Global warming 22. extinct
23. industrial waste 24. rainforests
25. deforestation

해석

11. 사무실 쓰레기는 이 통에 버리면 됩니다.
12. 아시아 코끼리는 멸종 위험 동물이다.
13. 가정 쓰레기는 일주일에 한 번 수거해간다.
14. 공기 오염은 이 도시의 큰 문제 거리가 되어 왔다.
15. 기름이 유출되어 해안 지역이 오염되었다.
16. 이 건물은 지진에 버틸 수 있게 고안되었다.
17. 외래종은 고유의 생태계에 상당한 해를 끼칠 수 있다.

18. 잘못된 공공 정책이 국가의 모든 자원을 고갈시킬 수 있다.
19. 그는 온실 가스 배출을 줄이는 새로운 기술을 소개했다.
20. 재생할 수 있는 에너지 자원을 이용하는 것은 여러 국가에서 증가하는 추세이다.

Day 24

1. 가마 2. 색조 3. 그리다 4. 예술적인
5. 명암, 그늘
6. media 7. pottery 8. content
9. abstract 10. craftmanship
11. b 12. c 13. a 14. e 15. d 16. c
17. e 18. b 19. a 20. d
21. visual 22. creativity 23. Murals
24. sculptures 25. masterpiece

해석

11. 청바지가 다시 유행한다.
12. 나는 어둠 속에서 무언가 움직이는 것을 보았다.
13. 그의 소설의 주제는 평화와 사랑이다.
14. 나비는 완벽한 대칭 모양을 갖는다.
15. 나는 내일 미술 박람회를 방문하려 한다.
16. 그 미술관은 반 고흐의 걸작품 중의 하나를 소장하고 있다.
17. 우리는 그 문제를 다른 관점에서 접근해야 한다.
18. 그 건물의 윤곽이 어둠 속에서 흐릿하게 보였다.
19. 파티에서 모두가 음악의 리듬에 맞춰 춤을 추었다.
20. 이 성은 중세 건축의 완벽한 모범이다.

Day 25

1. 기사 2. 편집인 3. 신문의 1면
4. 표절하다 5. 특파원
6. critic 7. press 8. editorial
9. feature 10. exclusive
11. c 12. d 13. b 14. e 15. a 16. d
17. e 18. b 19. c 20. a
21. column 22. mass media

23. headlines 24. reporters
25. broadsheets

해석

11. 그의 동영상은 인터넷에서 순식간에 퍼져 나갔다.
12. 그 민원 조사원은 조사를 진행하고 있다.
13. 경찰은 그 범죄의 목격자를 한 사람 찾았다.
14. 내 의견으로는 우리가 그 프로젝트를 즉시 시작해야 한다.
15. 시리아와 이란 같은 몇몇 나라에서는 인터넷을 통제한다.
16. 제이콥은 10 년 전 기자로서 자신의 경력을 시작했다.
17. 제안서를 제출하는 마감일은 다음 월요일이다.
18. 그는 자신의 사업 자금 조달을 위해 크라우드 펀딩 캠페인을 시작했다.
19. 우리 대화는 엄격히 비공식이라는 것을 명심하세요.
20. 명사들에 대한 소문이나 한담은 대중 연예 신문의 주요한 요소이다.

Day 26

1. 탁상용 (컴퓨터) 2. 무선의 3. 화면, 모니터
4. 원격의, 먼 5. 전자의, 컴퓨터의
6. virus 7. hardware 8. keyboard
9. search engine
10. telecommunication
11. b 12. a 13. c 14. e 15. d 16. c
17. e 18. d 19. b 20. a
21. laptop 22. mouse 23. matrix
24. Social networks 25. cyber

해석

11. 이 사이트에 들어가기 위해서는 비밀 번호가 필요하다.
12. 전 세계에서 가장 많이 사용하는 검색 프로그램(브라우저)는 무엇입니까?
13. 그것이 무엇을 의미하는지 확실하지 않다면 구글로 검색할 수 있다.
14. 이 증후군은 피로와 졸음과 관련이 있다.
15. 존은 5 년 동안 소프트웨어 기술자로 일

하고 있다.
16. 우리 회원들의 주소는 데이터베이스에 모두 기록됩니다.
17. 방화벽은 해커들이 귀하의 컴퓨터에 침입하는 것을 방지합니다.
18. 만약 이 프로그램이 필요하면 인터넷에서 내려받을 수 있습니다.
19. 나는 휴대폰을 물 속에 떨어트렸는데, 화면이 작동하지 않는다.
20. 인터넷 경매 사이트에 올린 고서가 비싼 가격에 판매되었다.

Day 27

1. 윤리적인, 도덕적인 2. 우의, 교훈, 도덕
3. 민족의, 종족의 4. 공정, 공평 5. 인습적인
6. debt 7. social 8. inflation
9. deflation 10. recession
11. e 12. c 13. d 14. a 15. b 16. e
17. c 18. a 19. b 20. d
21. trade 22. equality 23. traditions
24. discrimination 25. growth

해석

11. 그 마을 사람들은 낯선 사람들에 대한 편견을 갖고 있었다.
12. 제임스는 그리스 문화를 공부하는데 관심이 있다.
13. 어떤 나라에서는 종교의 자유가 없다.
14. 그 고대 성곽은 우리의 국가 유산이다.
15. 미국인들은 자유를 무엇보다 소중히 여긴다.
16. 전자 음악은 음악의 주류의 일부가 되었다.
17. 서구 세계에서는 크리스마스를 기념하는 것이 관습이다.
18. 미국은 많은 다른 문화와 종족들이 공존하고 있다.
19. 사회는 언론의 자유가 없으면 제대로 기능할 수 없다.
20. 어떤 결정을 내리기 전에, 편견에서 벗어나야 한다.

Day 28

1. 당파적인 2. 좌익의 3. 우익의 4. 양당의
5. 민주주의
6. poll 7. jury 8. sentence 9. witch
hunt 10. government
11. d 12. c 13. a 14. e 15. b 16. d
17. e 18. b 19. a 20. c
21. nomination 22. guilty 23. verdict
24. political parties 25. lame duck

해석

11. 나쁜 협상이 좋은 소송보다 더 낫다. (속담)
12. 법원은 그에게 10 년 형을 선고했다.
13. 한 남자가 살인 혐의로 다음 달 재판을 받을 것이다.
14. 시는 환경 보호를 위한 캠페인을 시작했다.
15. 그는 그 회사를 계약 위반으로 고소를 하고자 한다.
16. 법적 조치를 취하기 위해서 우리는 구체적인 증거가 필요하다.
17. 공화당과 민주당은 서로 다른 이념을 가지고 있다.
18. 선거 결과는 내일 오전 6 시까지 발표될 것이다.
19. 그는 자신의 사건을 변호하기 위해 국내 최고의 변호사들 중 한 사람을 고용했다.
20. 농부들은 농산물의 수입을 금지하기 위한 압력단체를 결성했다.

Day 29

1. 봉건적인 2. 내전 3. 철기 시대
4. 청동기 시대 5. 중세
6. monk 7. goddess 8. kingdom
9. civilization 10. prehistoric
11. d 12. e 13. b 14. a 15. c 16. e
17. c 18. a 19. b 20. d
21. Ancient 22. monument 23. divine
24. dynasty 25. empire

해석

11. 나는 여전히 그의 능력에 대한 믿음을 갖고 있다.
12. 그의 경고는 예언이라기보다는 하나의 가능성이다.
13. 그 건물의 고풍스러운 스타일은 모든 방문객들을 매료시켰다.
14. 형사는 용의자가 자신의 죄를 고백하도록 설득했다.
15. 과학자들은 이 동물들이 동일 조상으로부터 진화한 것으로 생각한다.
16. 그 농가는 아파트로 개조되고 있다.
17. 우리는 그 문제에 관해 며칠 더 숙고하기로 결정했다.
18. 그 성은 깊은 호수로 둘러싸인 섬 위에 건설되었다.
19. 기술 분야에서 새로운 혁명이 조만간 일어날 것이다.
20. 이집트 신화에서, 이시스는 치유와 부활의 여신이다.

Day 30

1. 가까운 2. 낮은, 아래 3. … 의 사이에
4. 아래, 밑에 5. 로터리
6. left 7. right 8. straight 9. opposite
10. intersection
11. d 12. a 13. e 14. b 15. c 16. b
17. e 18. a 19. c 20. d
21. behind 22. over 23. going across
24. go along 25. outside

해석

11. 그 마을은 강 근처에 있다.
12. 나는 다음 주 런던으로 돌아가야 한다.
13. 우리는 다음 나들목에서 고속도로에 진입해야 한다.
14. 그는 뚜껑을 열고 상자 안을 들여다보았다.
15. 형사는 방을 주의 깊게 둘러보았다.
16. 그는 뒤도 돌아보지 않고 달아났다.
17. 모든 승객은 공항 검색대를 통과해야 합니다.
18. 자동차는 그 사고에서 수리할 수 없을 정도로 파손되었다.
19. 우리는 건물 앞에 있는 나무들을 잘라내야 합니다.
20. 탑의 꼭대기에서 도시 전경을 볼 수 있다.

Day 31

1. 평평한, 고른 2. 공급하다
3. 빼다, 공제하다 4. 과다 복용하다
5. 축적하다
6. high 7. enough 8. roughly
9. density 10. capacity
11. d 12. a 13. b 14. e 15. c 16. b
17. e 18. a 19. c 20. d
21. every other 22. enormous
23. considerable 24. measure
25. equal

해석

11. 6과 3을 더한 총액은 9이다.
12. 그 아이는 숫자를 세기에는 아직 어리다.
13. 이 일은 고도의 집중력을 필요로 한다.
14. 독일은 많은 양의 맥주를 소비한다.
15. 군사 훈련은 2010 년 이래 가장 큰 규모였다.
16. 나는 어느 정도는 당신의 의견에 동의합니다.
17. 한국은 매년 많은 양의 원유를 수입한다.
18. 그는 건물을 수리하기 위해 엄청난 비용을 지출했다.
19. 그 회사는 최상의 품질의 우유와 치즈를 생산한다.
20. 전문가들은 그 그림의 가치가 5 백 만 달러에 달할 것으로 추정한다.

초급 Junior Voca 3000

이홍배 저 | 188*258mm | 300쪽
12,000원

중급 College Voca 5000

이홍배 저 | 188*258mm | 496쪽
14,000원

고급 최상위 Voca 2400

최예름 저 | 188*258mm | 304쪽
14,000원(mp3 파일 무료 제공)

읽을수록 재미있는 리딩 보카

신재현 저 | 188*258mm | 304쪽
16,500원

30일만에 끝내는
즉석 영단어 3000

오규상 저 | 국반판 | 496쪽
8,900원

30일 만에 끝내는
즉석 영숙어 900

오규상 저 | 국반판 | 464쪽
8,900원